ARD-Ratgeber Geld

Herausgeber

Dr. Wolfgang Friedrich

Bayerischer Rundfunk

Eine Produktion des Bayerischen Rundfunks
in Zusammenarbeit mit den Verbraucherzentralen

verbraucherzentrale

Kinder bedeuten gravierende Veränderungen, nicht nur in der Lebensplanung sondern auch in der Planung des Familienbudgets. Und wer Kinder bekommt steht auch vor der Aufgabe, ihnen langfristig die besten Startbedingungen zu schaffen. Das bedeutet immer auch besondere finanzielle Herausforderungen. Wie man als Eltern an die Finanzplanung herangeht, welche Geldquellen zusätzlich zum Einkommen erschlossen werden können und wie Kinder an den bewussten Umgang mit Geld herangeführt werden, das zeigt Ihnen dieser Ratgeber.

Elke Pohl (48) ist studierte Journalistin und seit fast zehn Jahren freiberufliche Buchautorin. In dieser Zeit verfasste sie zahlreiche Ratgeber, unter anderem zum Themenbereich „Geld und Versicherungen".

Elke Pohl

Finanzratgeber für die junge Familie

verbraucherzentrale

Bibliografische Information Der Deutschen Bibliothek
Die Deutsche Bibliothek verzeichnet diese Publikation in der Deutschen Nationalbibliografie; detaillierte bibliografische Daten sind im Internet über http://dnb.ddb.de abrufbar.

Coverbild:	© gettyimages / Mel Yates
Herausgeber:	Dr. Wolfgang Friedrich
Koordination:	Frank Wolsiffer
Fachliche Mitwirkung:	Rechtsanwalt Bernd Jaquemoth, Nürnberg
Lektorat:	Brigitte Bürger, Köln
Produktion:	bretzinger : medien.service, Karlsruhe
Umschlaggestaltung:	Design Ute Lübbeke, Köln
Druck/Bindung:	Koelblin-Fortuna-Druck GmbH & Co. KG, Baden-Baden

Diese Publikation erscheint im Rahmen der Verlagsgemeinschaft STIFTUNG WARENTEST und Verbraucherzentrale Nordrhein-Westfalen e.V.

Internet: www.verbraucherzentrale-nrw.de

ISBN-10: 3-938174-37-4
ISBN-13: 978-3-938174-37-1

Liebe Leserin, lieber Leser,

vieles – manch einer wird sagen: viel zu vieles – in unserem Leben dreht sich ums liebe Geld. Nicht nur der Staat, auch immer mehr Privathaushalte sind hoch verschuldet. Dabei wird es uns einerseits so einfach gemacht wie nie zuvor, an Geld heranzukommen, etwa in Form von Krediten. Andererseits aber wird fast überall der – nur scheinbar scherzhaft gemeinte – Stoßseufzer immer lauter: „Wie kann es sein, dass am Ende des Geldes noch so viel Monat übrig bleibt?"

Wie wahr: Die Steuer- und Abgabenlasten, die jeden Einzelnen von uns drücken, sind kaum noch zu bewältigen, ganz abgesehen von den vielen größeren oder kleineren Raten für Kredite, Hypotheken und Ähnliches, die fast jeden Bundesbürger mehr oder weniger belasten.

Durch meine langjährige verantwortliche Tätigkeit in unterschiedlichen Geld- und Verbraucherredaktionen des deutschen Fernsehens weiß ich: Das Bedürfnis der Bevölkerung nach guter, verständlicher und aktueller Information rund um das Thema Geld ist so groß wie nie. Die Berge von Zuschauerpost, die etwa regelmäßig nach jeder Sendung von „ARD-Ratgeber Geld" beim Bayerischen Rundfunk eingehen, sprechen Bände.

Nicht zuletzt das Wissen um diesen enormen Informationsbedarf hat mich dazu veranlasst, in Zusammenarbeit mit den Verbraucherzentralen und der Egmont vgs Verlagsgesellschaft die aktuelle Ratgeberreihe „Top-Tipps Geld" herauszugeben. Sie soll unsere Fernseharbeit für die Verbraucher vertiefen und umfassende Antworten auf viele ihrer Fragen geben, die in der Kürze der Fernsehzeit notgedrungen oft ein wenig zu kurz kommen. Deswegen hat ein kompetentes Team von erfahrenen Fachautoren – etwa Juristen, Finanzfachleuten oder qualifizierten Journalisten – zusammen mit Experten der Verbraucherzentralen diese Ratgeberreihe konzeptioniert. Jedes Buch dieser Reihe beschäftigt sich auf aktuelle, informative und kompetente Weise klar und übersichtlich mit Ihren speziellen Fragen rund um Ihre Finanzen.

Ich bedanke mich im Namen meines Teams für das Vertrauen, das Sie uns entgegenbringen, und hoffe, dass wir den Dschungel der komplexen Materie für Sie ein wenig lichten können. Ich würde mich freuen, wenn Sie mit unserer Hilfe die Informationen bekommen, die Sie brauchen.

Herzlichst,

Ihr

Dr. Wolfgang Friedrich

Leiter der Redaktionsgruppe Wirtschaft
beim Bayerischen Fernsehen

Vorwort

Wer Kinder bekommt und vor der Aufgabe steht, ihnen – egal ob allein oder mit einem Partner – die bestmöglichen Startbedingungen zu schaffen, der steht immer auch vor finanziellen Herausforderungen. Denn Kinder bedeuten gravierende Veränderungen, nicht nur in Bezug auf berufliche Karriere und Lebensplanung, auch das Familienbudget und vor allem die finanzielle Vorsorge müssen überdacht und angepasst werden.

Natürlich ist für Kinder Liebe, Geborgenheit und Anregung durch Eltern und Familie die Hauptsache. Ausreichende finanzielle Mittel sind keine Garantie dafür, dass Familien funktionieren und Kinder glücklich aufwachsen. Aber die finanzielle Situation kann – zumal wenn sie schwierig ist – das Familienleben ganz erheblich beeinflussen. Daher tun junge Eltern gut daran, sich nicht nur über die Erziehung ihrer Sprösslinge Gedanken zu machen, sondern frühzeitig auch darüber, welche Finanz- und Vorsorgestrategien nötig sind, um die guten Vorsätze in die Tat umsetzen zu können.

Als Eltern müssen Sie weit vorausdenken, denn aus kleinen Kindern mit relativ überschaubaren Wünschen und Bedürfnissen werden schnell junge Leute, die ihre eigene Lebensplanung haben. Wer glaubt, spätestens dann von finanziellen Belastungen frei zu sein, ist blauäugig. Eltern haben auch für erwachsene Kinder noch finanzielle Verantwortung, zum Beispiel so lange die Kinder in der Ausbildung sind, dazu sind Eltern gesetzlich verpflichtet. Aber auch unabhängig von der gesetzlichen Unterhaltspflicht unterstützen sehr viele Eltern und Großeltern ihre Kinder bzw. Enkel nach Kräften so lange, bis sie finanziell selbstständig sind. Dass dies für die meisten Eltern nur möglich ist, wenn beizeiten vorgesorgt wird, versteht sich eigentlich von selbst.

Natürlich gehört hierzu auch eine vernünftige Risikoabsicherung für die Familie, denn die beste Finanzplanung nützt nichts, wenn etwa durch Berufsunfähigkeit das Haupteinkommen der Familie wegbricht.

Wie können Sie als Eltern nun an die Finanzplanung herangehen? Was müssen Sie alles bedenken und einplanen? Welche Geldquellen können Sie zusätzlich zum eigenen Einkommen erschließen? Und wie können Sie Ihre Kinder an den bewussten, sorgsamen Umgang mit Geld heranführen? Um diese und viele weitere Fragen geht es in diesem Ratgeber. Schritt für Schritt werden die verschiedenen Möglichkeiten und Strategien beleuchtet. Beispiele, Checklisten, Adressen und aktuelle Urteile runden das Buch ab.

Obwohl sich Autor und Verlag größte Mühe gegeben haben, nur die aktuellsten Informationen in dieses Buch einfließen zu lassen, ersetzt es im Zweifel nicht den Rechtsrat durch entsprechende Experten, etwa die Verbraucherzentrale oder Anwälte. Dieses Buch kann Denkanstöße geben und ein Wegweiser sein. Was Sie konkret unternehmen, hängt natürlich letztlich von Ihrer ganz persönlichen Situation ab.

Berlin, April 2006 Elke Pohl

Inhalt

Kapitel 1
Standortbestimmung: Wie viel Geld haben wir und wofür geben wir es aus?

Kapitel 2
Was Kinder kosten

Kapitel 3
Staatliche Geldquellen nutzen

Kapitel 4
Weitere Geldquellen nutzen

Kapitel 5
Finanzielle Vorsorge für Kinder

Kapitel 6
Das Geld reicht nicht

Kapitel 7
Kinder in Ausbildung

Kapitel 8
Finanztraining für Eltern

Kapitel 9
Finanztraining für Kinder

Kapitel 1
Standortbestimmung: Wie viel Geld haben wir und wofür geben wir es aus?

Geld ausgeben lernen

Geld ausgeben will gelernt sein. Erst recht, wenn ein Elternteil sich zunächst um den Nachwuchs kümmern will und als Verdiener ausfällt. Wer in dieser Situation so weitermacht wie zuvor, wird das Haushaltsloch schnell spüren. Von wenigen jungen Familien abgesehen, die sich schon ein ordentliches finanzielles Polster zugelegt haben und nun einige Zeit davon zehren können, leben viele Paare, die Eltern werden, buchstäblich von der Hand in den Mund. Lange Ausbildungszeiten, Schwierigkeiten bei der Jobsuche oder schlecht bezahlte Jobs oder einfach jugendliche Unbekümmertheit führen oft dazu, dass noch nicht viel auf »der hohen Kante« liegt, wenn der Nachwuchs kommt.

Verzicht auf bisherige Gewohnheiten

Daher heißt es für die Mehrzahl junger Eltern mit dem auszukommen, was monatlich in die Kasse fließt. Und das bedeutet unter Umständen auch Verzicht auf bisherige Lebensgewohnheiten, weil ja nicht nur weniger Geld im Portmonee klingelt, sondern das Baby auch eigene Ansprüche anmeldet, die bisher nicht berücksichtigt werden mussten. Darüber hinaus wollen verantwortungsbewusste Eltern natürlich auch finanziell dafür vorsorgen, dass die Höhepunkte im Leben des Kindes wie Einschulung, Konfirmation bzw. Jugendweihe und Schulabschluss würdig begangen werden können. Nicht zu sprechen davon, was es kostet, wenn Kinder den Führerschein machen wollen, einen Zuschuss zum ersten eigenen Auto oder für die erste Wohnung benötigen oder studieren wollen. Vor allem die Ausbildung von Kindern ist schwer kalkulierbar, da Sie als Eltern nie voraussagen können, welche Wege Ihr Kind später gehen wird. Aber wie ist dann eine vernünftige Planung möglich?

Zu Ihrer Beruhigung: Es geht. Zwar nicht von heute auf morgen, sondern nur langfristig, und nur, wenn Sie absolut

Beginnen mit einem Kassensturz

ehrlich und schonungslos die eigene fiananzielle Situation betrachten. Und genau damit sollten Sie bei Ihrer persönlichen Finanzplanung beginnen – mit einem Kassensturz, der Ihre Einnahmen auflistet und vor allem die Ausgaben offen legt. Nur so können Sie wirklich sehen, wohin Ihr Geld verschwindet, und an den passenden Stellen gegensteuern. Im Alltag kommt zu einer falschen Ausgabenpraxis oft genug fehlender Überblick. Von dort ist es kein großer Schritt mehr zum ständig überzogenen Dispo-Kredit – den die Banken meist großzügig gewähren –, zu Mietschulden und Gehaltspfändung.

Tipp

Nehmen Sie rote Zahlen auf dem Konto von Anfang an sehr ernst. Es sind erste, meist noch reparable Anzeichen dafür, dass Sie falsch wirtschaften. Wenn Sie jetzt gezielt sparen, bekommen Sie Ihr Finanz-Schiff garantiert wieder in ruhige See. Preiswerte Hilfe bietet jede Verbraucherzentrale.

!

Rechnen Sie nie dauerhaft mit dem Dispo-Kredit! Der kann jederzeit und ohne Angabe von Gründen durch die Bank fristlos gekündigt oder gekürzt werden.

1. Ordnung schaffen mit dem Haushaltsbuch

Jede Einnahme und Ausgabe verbuchen

»Beim ersten Mal tut's noch weh.« Das trifft oft auch auf den ersten Kassensturz zu. Aber Sie können sich Ihre persönliche Bilanz erleichtern, indem Sie das Haushaltsbuch zu Hilfe nehmen. Zwar ist es anfangs ungewohnt, jede Einnahme und Ausgabe akribisch zu verbuchen. Wer aber regelmäßig damit arbeitet und dem Bermuda-Dreieck, in dem das Haushaltsgeld regelmäßig verschwindet, auf die Spur kommt, der wird den relativ kleinen Aufwand gern hinnehmen.

Was sind Haushaltsbücher?

Haushaltsbücher sind tabellarisch gegliederte Hefte zum Erfassen der Haushaltseinnahmen und -ausgaben für ein Jahr mit Buchführungsanleitung und Planungsbogen. Das Haushaltsbuch der Verbraucherzentrale erhalten Sie für 5,80 Euro unter www.ratgeber-verbraucherzentrale.de. Natürlich können Sie auch an anderer Stelle im Internet entsprechende Dokumente herunterladen oder sich selbst ein Haushaltsbuch anlegen.

Haushaltsbuch der VZ

Beispiel: Haushaltsbuch der Verbraucherzentrale: Die 54 Wochenübersichten sind für die täglichen Ausgaben angelegt. Sie können sich damit jederzeit auf den aktuellen Stand bringen und – wenn nötig – noch im laufenden Monat umsteuern, um nicht in die roten Zahlen zu geraten. Komplett wird der Haushaltsplaner durch eine Jahresübersicht, die eine Gesamtbilanz über Einnahmen und Ausgaben ermöglicht. Die Monats- und Wochenübersichten sind gespickt mit vielen geldwerten und hilfreichen Tipps: Von der sparsamen Nutzung elektrischer Geräte übers Zeitmanagement im Haushalt bis hin zur richtigen Versicherung reicht die Palette der Hinweise. Dazu kommen viele Vorlagen, z. B. für die persönlichen Geldanlagen wie für notwendige Ratenzahlungen jeglicher Art, zum Festhalten von Wartungsterminen für Auto, Heizung und Geräte bis hin zu Saisonkalendern für heimisches Obst und Gemüse, so dass Sie nicht nur einen kompakten Überblick über Ihr »Unternehmen Haushalt« bekommen, sondern auch Sparpotenziale erkennen.

Welche Ausgaben sind machbar?

Mit solchen Haushaltsplanern behalten Sie den Überblick und können zum Beispiel sehen, welche Ausgaben noch machbar sind und welche nicht. Spätestens nach drei Monaten wissen Sie mit relativ geringem täglichen Zeitaufwand ziemlich genau, wo Ihr Geld geblieben ist. Nur so können Sie mögliche Einsparpotenziale erkennen. Entsprechend sollten Sie die einzelnen Posten auch möglichst detailliert auflisten, denn »Lebensmittel« als Posten sagt beispielsweise zu wenig aus.

So einfach führen Sie Ihr Haushaltsbuch

Listen Sie zuerst alle monatlichen Einnahmen auf (Gehalt, Kindergeld, Unterhalt, Zinsen usw.).

Jährliche feste Einnahmen wie Weihnachts- und Urlaubsgeld werden durch 12 geteilt und jedem Monat wird ein Anteil zugerechnet.

Dann tragen Sie alle festen (fixen) monatlichen Ausgaben ein (Miete, Rundfunk, Wasser, Strom, Kita-Gebühren, Raten, Taschengeld …).

Denken Sie an Rücklagen für Reparaturen, Nachzahlungen von Betriebskosten (etwa 10 Prozent der Vorauszahlung) u. Ä.

Nun ermitteln Sie alle festen viertel-, halb- oder ganzjährlichen Ausgaben (Urlaub, Geburtstage, Energie- und Müllkosten, Versicherungsbeiträge) und tragen diese anteilig bei den festen monatlichen Ausgaben mit ein.

Die Differenz aus Einnahmen und Ausgaben ergibt den Betrag, der Ihnen für jeden Monat zur Verfügung steht. Geteilt durch vier ergibt das Haushaltsgeld für eine Woche.

Tragen Sie alle täglichen Ausgaben in die vorbereitete Wochentabelle ein.

Die wöchentliche und monatliche Abrechnung verschafft Ihnen einen guten Überblick.

Tipp Die Buchführung wird erleichtert, wenn Sie sich für alle Ausgaben Kassenzettel und Rechnungen aushändigen lassen und Ihre Kontoauszüge gut sortiert ablegen.

2. Rechnen Sie mit wiederkehrenden Ausgaben

Wer sich für ein Haushaltsbuch entscheidet, der wird schnell merken: Ein Großteil des Monatseinkommens steht ihm gar nicht zur freien Verfügung, sondern fließt regelmäßig in feststehende Kanäle.

Diese fixen Posten müssen Sie bedienen:

Miete und Heizkosten,
Strom, Gas, Wasser,
Darlehensrückzahlungen,
Versicherungsbeiträge,
Essengeld, Kita-Gebühren,
Monatskarten für den öffentlichen Nahverkehr,
Büchergeld für Schulkinder,
Kfz-Steuern,
Gebühren für Zeitung, Rundfunk, Fernsehen,
Telefon-, Handy- und Internetgebühren,
Beitrag für Berufsverbände/Vereine/Parteien,
Unterhaltsverpflichtungen.

50 Prozent des Einkommens für Fixkosten

Solche festen Ausgaben waren früher eher ein Restposten. Inzwischen müssen private Haushalte in Städten oft bereits bis zu 50 Prozent ihres Einkommens für Miete, Heizung und Energie ausgeben. Dazu kommen weitere Fixkosten. Das heißt: In der Regel gehört Ihnen vom Nettoverdienst oft weniger als die Hälfte! Darüber kann man traurig sein oder auch nicht – auf jeden Fall muss man es einplanen.

Tipp

Gerade in Zeiten hoher und weiter steigender Energiekosten kann eine Beratung bei der Verbraucherzentrale helfen, Energiesparmöglichkeiten zu finden.

3. Veränderungen müssen nicht weh tun

Viel mehr Spaß macht es natürlich, Geld für die sonstigen Dinge auszugeben, wie Ernährung, Kleidung, Hausrat, Pflegemittel, Fahrtkosten, Freizeit, Hobby, Genussmittel, Pflanzen, Tiere, Kleingarten usw.

Tipp Wer sparen muss, sollte zunächst diese Posten auf mögliche Einsparungen durchforsten.

Aber keine Angst: Veränderungen sind meist auch ohne schmerzhafte Einschnitte möglich. Wer etwa beim großen Wochenend-Einkauf bewusst die Preise vergleicht und wirklich »preisbewusst« einpackt, rettet – ohne wirklichen Verzicht – so vielleicht den Jahresurlaub. Wenn Sie sich nicht recht klar sind über teure Kaufgewohnheiten oder wissen möchten, was andere anders machen, wenden Sie sich an Ihre Verbraucherzentrale. Dort ist es möglich, Ihre Ausgaben mit dem Durchschnitt ähnlicher Haushalte zu vergleichen und so herauszufinden, wo Einsparpotenziale für Ihren Haushalt liegen.

Tipp Aber auch bei den fixen Kosten bauen sich mitunter im Laufe der Jahre Ansprüche auf, die einem lieb und vor allem teuer sind.

Sparen durch Umzug

An der Miete, die einen Großteil der fixen Kosten verschlingt, lässt sich im Prinzip nur durch Umzug sparen. Wer Familienzuwachs erwartet oder schon bekommen hat, will und kann sich natürlich meist nicht verkleinern. Oft reicht aber schon der Umzug in einen benachbarten kleineren Ort oder in einen preiswerteren Stadtteil, um erheblich bei der Miete zu sparen. Konsultieren Sie daher regelmäßig Internet-Wohnungsbörsen wie immobilienscout24.de, deutsche-immobilienboerse.de oder immowelt.de bzw. suchen Sie auf den Seiten Ihrer örtlichen Wohnungsbaugesellschaften nach preiswerten Angeboten.

Tipp Sicher kostet ein Umzug auch Geld und umziehen möchte man nicht jeden Tag. Schieben Sie es aber nicht auf die lange Bank. Suchen Sie gründlich und intensiv. Sparen Sie beispielsweise 50,00 Euro im Monat bei der Miete, so kommen im Jahr 600,00 Euro zusammen. Ein solcher Betrag muss an anderer Stelle erst mal eingespart werden.

Mietminderung

Auch wenn Ihre Wohnung mehr als 10 Prozent kleiner ist als im Mietvertrag angegeben, können Sie sparen: Sie haben das Recht, die Miete um den fraglichen Betrag zu mindern – und zwar rückwirkend seit Einzug (Urteil des Bundesgerichtshofes aus dem Jahr 2004, Az.: VIII ZR 133/03). Informieren Sie sich, kompetenter Ansprechpartner ist der Deutsche Mieterbund (www.mieterbund.de).

Sparsame Haushaltsgeräte

An den Kosten für Heizung, Strom, Wasser und Gas ist durch (umwelt-) bewusstes Verhalten viel zu bewegen. Oft hilft die Anschaffung eines neuen sparsamen Haushaltsgerätes, um Energie und Wasser in Größenordnungen zu sparen, die sich in Ihrem Geldbeutel bemerkbar machen. Vor allem beim Neukauf sollten Sie auf diese Parameter unbedingt achten. Die so genannten Energieeffizienzklassen sind mit großen Buchstaben A, B usw. gekennzeichnet. Die Effizienzklasse A ist die sparsamste. Entsprechend gekennzeichnete Geräte sind teilweise teurer als Geräte mit schlechteren Energieeffizienzklassen, den höheren Anschaffungspreis hat man jedoch oft in kürzester Zeit mit den gesparten Energiekosten wieder hereingeholt.

Auch bei den Heizkosten lässt sich sparen: So kann man mit energiebewusstem Heizen und Lüften oft bis zu einem Drittel der entsprechenden Kosten einsparen.

Versicherungsbeiträge reduzieren

Kfz-Kosten, Versicherungsbeiträge und andere Beiträge können oft reduziert werden, ohne Lebensqualität einzubüßen. Gerade in puncto Versicherungen sind die meisten Deutschen zwar über- aber trotzdem oft nicht an der richtigen Stelle versorgt.

Tipp

Trennen Sie sich von unsinnigen Policen und schließen Sie für die wirklich lebenswichtigen Risiken Verträge erst nach gründlicher Prüfung ab. Am besten ist unabhängige Versicherungsberatung, wie sie von den Verbraucherzentralen zu bekommen ist. Das Thema Versicherungen greifen wir in Kapitel 5 noch einmal auf.

4. Rechtzeitig Hilfe suchen

Es ist ein weit verbreiteter Irrtum zu glauben, dass nur Leute mit geringem Einkommen und nur die, die schon Schulden haben, Rat und Hilfe suchen sollten.

Tipp

Wer ernsthaft auf die Kostenbremse beim Haushaltsgeld treten und dabei nicht ins Schleudern kommen will, sollte frühzeitig Hilfe bei der Verbraucherzentrale suchen. Die gibt es oft kostenlos oder sehr kostengünstig.

Haushaltsmanagement: 4 Säulen

Die Beratung schärft den Horizont für richtiges Haushaltsmanagement, das auf vier Säulen ruht:

- Kosten erfassen,
- einzelne Sparmaßnahmen festlegen,
- Ausgabeverhalten verändern und laufend kontrollieren,
- persönliche Ansprüche überprüfen.

Auch beim Beratungsdienst der Sparkasse »Geld und Haushalt« nimmt die Mehrheit der Interessenten das Angebot an Broschüren wahr, das auf vorbeugendes Finanzmanagement gerichtet ist und nicht auf Schuldenmanagement. Bei der persönlichen Budgetberatung stand im Jahr 2000 (aus diesem Jahr stammt die letzte Analyse) folgende Klientel im Mittelpunkt:

- 3- bis 4-Personen-Haushalte,
- zwischen 30 und 39 Jahre alt,
- Haushaltsnetto-Einkommen von umgerechnet 2.050 bis 2.500 Euro,
- bei knapp 40 Prozent waren die Ausgaben höher als die Einnahmen,
- über 60 Prozent hatten keine Haushaltsdefizite und wünschten nur Tipps für die Optimierung ihres Haushaltes.

Vorbeugende Hilfe

Viele »ganz normale Leute« suchen vorbeugend Hilfe und aus einer leichten Schieflage gibt es ein Entkommen. Beratung ist der erste entscheidende Schritt.

Laut einer aktuellen Umfrage der Unternehmensgruppe Steria Mummert Consulting aus dem Jahr 2005 halten sich drei von fünf Befragten für nicht kompetent genug, das Thema Finanzen und Vermögensplanung allein in den Griff zu bekommen. Aber bevor Sie zu Ihrer Bank gehen und konkrete Schritte unternehmen, sollten Sie unbedingt als Erstes unabhängige Beratung in Anspruch nehmen.

Informieren Sie sich auch im Ratgeber der Verbraucherzentrale »Besser haushalten« zum Preis von 9,80 Euro, zu bestellen unter www.ratgeber-verbraucherzentrale.de.

Top-Tipps Standortbestimmung

- Schluss mit der Vogel-Strauß-Methode: Ziehen Sie den Kopf aus dem Sand und verschaffen Sie sich einen Überblick über das Verhältnis Ihrer Einnahmen und Ausgaben. Nur so erkennen Sie, wohin Ihr Geld fließt und wo Möglichkeiten zum Einsparen liegen. Dieses Geld werden Sie dringend benötigen, um den wachsenden Wünschen und Bedürfnissen Ihrer Kinder gerecht zu werden und Geld für die Zukunft zurücklegen zu können.
- Wichtig ist die regelmäßige, detaillierte und ehrliche Führung eines Haushaltsbuches. Beachten Sie nicht nur wöchentliche und monatliche Einkünfte und Ausgaben, sondern auch Einkünfte und Ausgaben, die in einem anderen Rhythmus anfallen.
- Sparen heißt nicht, auf alles verzichten zu müssen. Oft zeigt es größere Wirkung, wenn Sie auf kleine, aber ständig wiederkehrende »Sünden« verzichten, statt sich große Wünsche wie beispielsweise den Jahresurlaub zu versagen.
- Vor größeren Anschaffungen empfiehlt es sich, eine Ansparphase festzulegen. Mit dem nötigen Überblick über Ihre Finanzen schaffen Sie das. Auf diese Weise können Sie sich die meisten Wünsche erfüllen, ohne Geld borgen zu müssen.

- Wenn Sie Ihre Haushaltsführung ernsthaft und gründlich unter die Lupe nehmen und ändern wollen, können Sie sich in Ihrer Verbraucherzentrale oder anderen seriösen Beratungsstellen umfassenden Rat holen.
- Kaufen Sie bewusst! Und kaufen Sie bewusst auch mal nicht! Die Jagd auf Schnäppchen, die man nur wegen des verlockenden Preises nach Hause bringt, macht nicht selig.

Kapitel 2
Was Kinder kosten

Voraus-
denken ist
nötig

Dass Kinder Geld kosten, ist eine Binsenweisheit. Dass ein Kind allerdings – bis es 18 Jahre alt ist – seine Eltern so viel kostet wie ein Eigenheim, darüber machen sich wohl die wenigsten jungen Eltern Gedanken. Das sollte natürlich niemanden davon abhalten, Kinder in die Welt zu setzen. Zumal der Staat auch dazu beiträgt, dass Eltern finanziell einigermaßen über die Runden kommen. Aber ein wenig nachdenklich sollten die folgenden Zahlen schon stimmen. Im Interesse der Kinder und auch im eigenen Interesse sind bewusster Umgang mit Geld und Vorausdenken in finanziellen Dingen dringend nötig. Und Sie sollten alle Quellen anzapfen, die speziell für Kinder sprudeln. Dazu später mehr.

1. Werden Sie sich über den finanziellen Aufwand klar

107.136 Euro

Das Statistische Bundesamt hat vor einigen Jahren ausgerechnet, dass Eltern für ihr erstes Kind im Schnitt 107.136 Euro zahlen. Das sind die Kosten, die entstanden sind, bis das Kind 18 Jahre alt ist. Die Unterstützung, die zum Beispiel während eines Studiums anfällt, ist hier also noch gar nicht mitgerechnet. Das erste Kind kostet Eltern also durchschnittlich 496 Euro im Monat, das zweite Kind monatlich 427 Euro und das dritte 414 Euro.

!

Wer also drei Kinder gleichzeitig großzieht, kommt auf die stolze Summe von über 1.300 Euro Kosten pro Monat, allein für die Kinder.

Klar, dass diese Summe nicht im Vorbeigehen aufgebracht wird. Eltern mit niedrigem Einkommen geben weniger Geld für ihre Kinder aus als Eltern mit hohem Einkommen: Wer bis zu 1.265 Euro monatliches Einkommen hat, gibt etwa 278 Euro für die Kinder aus, Eltern mit 6.429 Euro monatlichem Einkommen geben etwa 813 Euro für die Kinder aus. In jedem Fall stellen Kinder eine finanzielle

»Belastung« dar, die nicht unter den Tisch gekehrt werden sollte.

Dazu kommt, dass Kinder von Jahr zu Jahr höhere Kosten verursachen. Natürlich sollten Eltern mit zunehmendem Alter auch mehr verdienen, so dass sich dieser Umstand wieder ausgleicht. Aber angesichts von Massenarbeitslosigkeit und immer mehr Kindern, die von Sozialleistungen abhängen, darf an dieser »Regel« gezweifelt werden.

2. Eltern müssen mehr verdienen

Ein Drittel mehr verdienen

Machen Kinder also arm? Schaut man nur auf die Zahlen, dann lautet die Antwort – ja! Das Wirtschaftsforschungsinstitut Wifo errechnete vor einiger Zeit, dass allein verdienende Väter rund ein Drittel mehr verdienen müssen als kinderlose Singles, um den gleichen Wohlstand zu erreichen. Bei zwei Kindern müsste der Verdienst schon um 64 Prozent höher sein ... Nimmt man Haushalte mit zwei Erwachsenen als Ausgangspunkt, müsste das Einkommen – im Vergleich zu zwei Erwachsenen ohne Kinder

- mit einem Kind 16,5 Prozent,
- mit zwei Kindern 33,8 Prozent und
- mit drei Kindern 51,8 Prozent

höher sein, um etwa den gleichen Lebensstandard zu erreichen. Wie man es auch dreht und wendet: Kinder bedeuten finanziellen Verzicht. Dass sie in vielerlei Hinsicht ein Geschenk sind, um das Kinderlose Sie als Eltern beneiden, ist unbestritten, steht aber auf einem ganz anderen Blatt.

Was die Situation noch erschwert: Oft fällt ein Verdiener – meist die Mutter – für eine bestimmte Zeit ganz aus oder arbeitet in Teilzeit mit eingeschränktem Verdienst.

! Es sind also nicht nur laufende Kosten, die zu den normalen Ausgaben hinzukommen, sondern es kommt auch weniger Geld herein.

Der Ausgleich, den der Staat dafür leistet, gleicht diese Differenz meist nicht aus. Außerdem wissen viele junge Eltern gar nicht, was ihnen eigentlich alles zusteht. Daher gehen wir im nächsten Kapitel näher auf die staatlichen Geldquellen ein, die Sie anzapfen können und sollten.

3. Die kleinen und großen Anlässe

Jährlich 184 Euro für Schulutensilien

Neben den Ausgaben für das tägliche Leben haben Eltern immer wieder auch besondere Höhepunkte im Leben ihrer Kinder zu finanzieren. Da wären zum Beispiel Geburtstage, aber auch die Einschulung kann zu einer richtig teuren Angelegenheit werden. Das Nürnberger Marktforschungsunternehmen GfK hat im Jahr 2003 untersucht, was sich Deutsche im Durchschnitt den ersten Schritt ihrer Sprösslinge auf der Bildungsleiter kosten lassen. Danach geben sie allein für Schulutensilien 184 Euro aus – in Österreich sind es bis zu 230 Euro! Dazu kommt, dass Eltern in einigen Bundesländern auch Büchergeld bezahlen müssen.

Vor allem beim Ranzen legen Eltern zu Recht Wert auf hohen Tragekomfort. Bei allen langlebigen Gütern für Kinder empfiehlt sich ein Qualitäts- und Preisvergleich. So können Sie zum Beispiel die Ergebnisse der Stiftung Warentest zu Rate ziehen, die in allen Verbraucherzentralen einzusehen sind. Mit 14, 15 Jahren stehen dann Konfirmation, Kommunion oder Jugendweihe vor der Tür, für die Eltern leicht mehrere hundert Euro ausgeben, für die Familienfeier oder eine gemeinsame Reise, die Garderobe, das Geschenk, die Fotos vom Ereignis usw. Schließlich ist dieser Tag für die Jugendlichen und auch für die Angehörigen etwas ganz Besonderes und soll in guter Erinnerung bleiben.

Führerschein

Mit 18 Jahren möchten viele junge Leute den Führerschein machen und liebäugeln mit dem ersten eigenen Auto. Obwohl Eltern ihre Kinder auffordern sollten, hierfür Selbstgespartes mit einzusetzen, bleibt oft ein Großteil der Kosten an den Eltern kleben.

Oft werden die Kosten des Führerscheins unterschätzt, da nur mit den optimistisch geschätzten Fahrstunden gerechnet wird. Gebühren für die Anmeldung und Durchführung zu der theoretischen und praktischen Prüfung oder die Ausstellung des Führerscheins sowie Kosten für das Lehrmaterial, den Erste-Hilfe-Kurs und Führerscheinbilder werden übersehen. Hier kommen regelmäßig über 1.200 Euro bis zu 1.800 Euro zusammen. Beim Preisvergleich sollten also nicht nur die Kosten für eine Fahrstunde, sondern unbedingt auch alle sonstigen Kosten verglichen werden.

4. Studium ist ein teures Vergnügen – auch für Eltern

Richtig teuer wird es, wenn Kinder studieren wollen. Und natürlich werden Sie Ihr Kind in diesem Wunsch bestärken, da heutzutage eine exzellente Ausbildung für berufliches Fortkommen wichtiger denn je ist.

Tipp

Und das Studium zahlt sich aus. Im Schnitt verdienen Akademiker im Berufsleben rund 60 Prozent mehr als diejenigen, die eine Lehre absolvieren und danach keine weiteren Qualifikationen mehr erwerben.

50.400 Euro für ein Studium

Dabei müssen Studenten ihren Lebensunterhalt während der Lernjahre aus eigener Kraft bestreiten, während Auszubildende ab dem ersten Lehrtag bereits eine Vergütung erhalten. Studenten wenden bis zum Examen für Miete, Bücher, Essen und Ähnliches sogar ein kleines Vermögen auf: Bei Lebenshaltungskosten, so das Kölner Institut der Deutschen Wirtschaft, von durchschnittlich rund 700 Euro pro Monat summieren sich die Ausgaben für ein Studium von zwölf Semestern auf 50.400 Euro. Studieren Kinder lange, wird auch das Studium teurer – in manchen Fällen berechtigt, weil die Regelstudienzeit höher ist als in anderen Studiengängen. Grundsätzlich besteht eine Unterhaltspflicht zwischen Eltern und Kindern (sowie umgekehrt) ein Leben lang. Andererseits müssen erwachsene Kinder selbstverständlich zunächst versuchen, sich ihren Unterhalt selbst zu verdienen. Nur für die Zeit einer ersten Ausbildung können die Eltern von den Kindern nicht verlangen, dass sie erwerbstätig sind. Als Ausbildung gilt dabei auch ein Hochschulstudium. Dies kann sich ggf. auch an eine Lehre anschließen. So gilt ein Betriebswirtschaftsstudium im Anschluss an eine Banklehre als Ausbildung. Es besteht jedoch für die Kinder die Verpflichtung, zügig einen Abschluss anzustreben. Ein Wechsel des Studienfaches muss von den Eltern nur in Ausnahmefällen akzeptiert werden. Wie lange es durchschnittlich bis zum Abschluss eines Studiums dauert, hängt von der Art der Hochschule (Fachhochschule oder Universität) und dem angestrebten Abschluss (Diplom, Staatsexamen, Bachelor oder Master) ab. Üblicherweise ist ein Studium an der Fachhochschule kürzer als an der Universität. In der Vergangenheit war ein Studium in Ostdeutschland günstiger als in Westdeutschland. Es liegt auf der Hand, dass die Unterbringungskosten an der Fachhochschule Anhalt in Bernburg geringer sind als in München.

Studiengebühren

Einzelne Bundesländer wollen künftig Studiengebühren im Schnitt von 500 Euro pro Semester kassieren. Das würde das Leben für die angehenden Akademiker verteuern – für Lernen und Lebenshaltung hätten sie bis zum Studienabschluss gut 56.000 Euro ausgegeben.

Das BAföG ist da eher ein Tropfen auf den heißen Stein: Nur jeder vierte Student erhält überhaupt noch die staatliche Unterstützung, die als Mix aus Darlehen und nicht rückzahlbarem Zuschuss gewährt wird. Und längst sind Studenten auf verschiedene Einnahmequellen angewiesen. Nach der aktuellen 17. Sozialerhebung des Deutschen Studentenwerks bestreiten die Eltern das Studentendasein zur Hälfte. Zu einem guten Viertel wird die studentische Haushaltskasse aus Einkünften durch Nebenjobs gefüllt. BAföG macht dagegen nur noch 13 Prozent des Budgets aus (zum Thema BAföG kommen wir noch in Kapitel 3 und 7). Das restliche knappe Zehntel des Lebensunterhalts finanzieren die Studenten mit Einnahmen aus Sparverträgen, sonstigen Familienunterstützungen, Waisenrenten, Stipendien und anderen Darlehen.

Lesen Sie vertiefend zum Thema den Ratgeber der Verbraucherzentrale »Kind und Kosten« (7,80 Euro), zu bestellen unter www.ratgeber-verbraucherzentrale.de.

Top-Tipps Was Kinder kosten

- Fakt ist, dass das erste Kind bis zum 18. Lebensjahr seine Eltern im Durchschnitt 107.000 Euro kostet – fast so viel wie ein Eigenheim. Diese Tatsache müssen Sie bei der Finanzplanung im Hinterkopf halten.
- Kleine Kinder benötigen weniger Geld, aber wenn sie älter werden, steigt auch der finanzielle Aufwand für die Eltern.
- Eltern müssen rund ein Drittel mehr verdienen, um den gleichen Lebensstandard wie Kinderlose zu erreichen. Sie müssen also damit rechnen, dass Sie Abstriche machen müssen.
- Das trifft vor allem auf die erste Zeit zu, in der ein Verdiener – meist die Mutter – eine bestimmte Zeit ausfällt, um sich ganz um das Kind zu kümmern.
- Zu den alltäglichen Ausgaben für den Lebensunterhalt kommen immer wieder auch erhebliche Summen, um besondere Anlässe im Leben von Kindern zu finanzieren. Auch darauf sollten Sie vorbereitet sein.

Kapitel 3
Staatliche Geldquellen nutzen

Eltern haben Anspruch

Staatliche Zuschüsse stehen Eltern zu, Sie müssen sich also nicht als Bittsteller fühlen, wenn Sie entsprechende Mittel in Anspruch nehmen. Sie können dauerhaft damit rechnen, zumindest so lange, bis sich Ihre persönliche Situation oder der rechtliche Rahmen ändert. Da viele der Gelder nur auf Antrag fließen, müssen Sie Ihren Anspruch geltend machen: das bedeutet, auf Ämter gehen, meist seitenlange Anträge ausfüllen und oft bedeutet es auch Ärger. Die Mitarbeiter der Ämter sind verpflichtet, Ihnen beim Ausfüllen von Anträgen behilflich zu sein. Wenn Sie dieses Recht höflich einfordern, bekommen Sie bestimmt die Unterstützung, die Sie brauchen.

Tipp

Lassen Sie sich nicht von Ablehnungen entmutigen. Legen Sie fristgemäß (bis zu einen Monat nach Erhalt der Ablehnung) schriftlichen Widerspruch ein. Rufen Sie den Bearbeiter an und fragen Sie nach. Persönlicher Kontakt hilft oft mehr als hundert Briefe.

1. Mutterschaftsgeld, Erziehungsgeld und Elternzeit

Sechs Wochen vor und acht Wochen nach der Entbindung genießen Frauen Mutterschutz. Wer in dieser Zeit kein Einkommen hat, erhält Mutterschaftsgeld.

1.1 Mutterschaftsgeld

Arbeitnehmerinnen erhalten von der Krankenkasse 13 Euro pro Tag und vom Arbeitgeber einen Ausgleich bis zur Höhe des durchschnittlichen Nettoeinkommens. Arbeitslose bekommen Mutterschaftsgeld in Höhe des Krankengeldes. Wer keinen Krankengeldanspruch hat (z. B. Studentinnen), bekommt 13 Euro pro Tag und familienversicherte Frauen einmalig einen Betrag von 210 Euro vom Bundesversicherungsamt. Wer als Arbeitnehmerin privat oder gar nicht krankenversichert ist, erhält die 210 Euro plus einen Arbeitgeberausgleich bis zur Höhe des Nettoeinkommens. Arbeitnehmerinnen, denen während der Schwangerschaft rechtmäßig gekündigt wurde, bekommen 13 Euro pro Tag und statt des Arbeitgeberzuschusses einen entsprechenden Ausgleich von der Krankenkasse oder vom Bundesversicherungsamt.

1.2 Erziehungsgeld

Bis zum Ende des 2. Lebensjahres

Wenn Sie – egal ob als Vater oder als Mutter oder ob Sie beide sich abwechseln – Ihr Kind zu Hause betreuen wollen, erhalten Sie bis zum Ende des 2. Lebensjahres Erziehungsgeld. Voraussetzung ist, dass Sie in dieser Zeit nicht mehr als 30 Wochenstunden arbeiten. Dann bekommen Sie maximal 300 Euro monatlich (Regelbetrag). Sie können sich aber auch entscheiden, dieses Geld nur ein Jahr lang in Anspruch zu nehmen, dann erhöht sich der Betrag auf monatlich bis 450 Euro (Budget-Betrag). Wie viel Sie bekommen, hängt von Ihrem Einkommen ab, der Zuschuss ist gestaffelt.

Tipp

In den ersten sechs Monaten gibt es einheitliche Obergrenzen von 30.000 Euro Jahreseinkommen bei Elternpaaren und 23.000 Euro bei Alleinerziehenden.

Danach gibt es

- für Paare mit bis zu 16.500 Euro Jahreseinkommen volles Erziehungsgeld; die Obergrenze beträgt 22.086 Euro, wer mehr verdient, geht ganz leer aus;
- für Alleinerziehende volles Erziehungsgeld bis 13.500 Euro Jahreseinkommen; die Obergrenze beträgt 19.086 Euro;
- pro weiteres Kind erhöht sich die Einkommensgrenze für Paare und Singles um jeweils 3.140 Euro.

Kürzung

Liegt man oberhalb der Grenze für das volle Erziehungsgeld, so findet eine Kürzung statt. Der Prozentsatz der Kürzung hängt zunächst davon ab, ob Sie sich für den einjährigen oder zweijährigen Bezug von Erziehungsgeld entschieden haben. Beim einjährigen Bezug beträgt der

Prozentsatz 7,2 Prozent, beim zweijährigen Bezug des Erziehungsgeldes 5,2 Prozent. Der Prozentsatz bezieht sich jeweils auf den Betrag, um den der Freibetrag für das vollständige Erziehungsgeld überschritten wird.

Beispiel

Beispiel: Ein Ehepaar mit einem Kind und einem Jahreseinkommen in Höhe von 18.500 Euro hat sich für den zweijährigen Kindergeldbezug entschieden. Die Grenze für den vollen Kindergeldbezug wird damit um 2.000 Euro überschritten. Hierauf bezieht sich der Kürzungsprozentsatz von 5,2 Prozent. Damit ergibt sich ein Kürzungsbetrag in Höhe von 104 Euro (5,2 Prozent von 2.000), der von dem vollen Erziehungsgeld in Höhe von 300 Euro (bei zweijährigem Bezug) abgezogen wird.

Berechnung des relevanten Einkommens

Etwas kompliziert ist die Berechnung des für das Erziehungsgeld relevanten Jahreseinkommens. Grundsätzlich ähnelt sie der Berechnung des zu versteuernden Einkommens. Es gibt jedoch einige Besonderheiten: Zunächst werden alle Einkommen aufaddiert. Hierzu gehören auch Einkünfte aus Kapitalvermögen, aber auch Arbeitslosen- und Krankengeld. Wichtig ist, dass hier negative Einkünfte, also beispielsweise Verluste aus einer nicht vermieteten Wohnung, nicht abgezogen werden dürfen. Freibeträge für Sparer oder Arbeitnehmer werden jedoch abgezogen. In einem weiteren Schritt wird dann der errechnete Betrag um 24 Prozent bzw. 19 Prozent bei Beamten reduziert. Das tatsächliche Einkommen kann folglich erheblich höher als die genannten Grenzen sein.

Keine einheitliche Regelung

Bedauerlich ist, dass es bundesweit keine einheitliche Regelung hinsichtlich der Zuständigkeit für das Erziehungsgeld gibt. Die richtige Stelle erfragen Sie am besten bei Ihrem zuständigen Sozialamt.

Tipp

Beachten Sie, dass Erziehungsgeld nur auf Antrag gezahlt wird. Kümmern Sie sich frühzeitig um die notwendigen Formulare und Unterlagen.

Erziehungsgeld wird zusätzlich zu Sozialhilfe, ALG II, Wohngeld und Ausbildungsförderung gezahlt. Beachten

Sie bitte, dass Erziehungsgeld für jedes Lebensjahr des Kindes erneut bei der örtlichen Erziehungsgeldstelle beantragt werden muss.

1.3 Elternzeit

Natürlich können Sie auch über das 2. Lebensjahr hinaus Ihr Kind zu Hause betreuen. Allerdings gibt es für diese Zeit keine finanziellen Zuschüsse. Sie haben lediglich einen Rechtsanspruch darauf, in dieser Zeit ohne Angst vor Kündigung entweder ganz zu Hause zu bleiben oder bis zu 30 Wochenstunden arbeiten zu gehen. Dieses Recht besteht drei Jahre.

Tipp In Unternehmen mit mehr als 15 Arbeitnehmern haben Sie einen gesetzlichen Anspruch darauf, Teilzeit arbeiten zu dürfen.

Ob Vater oder Mutter oder beide gleichzeitig Elternzeit nehmen, ist ihnen überlassen. Die Elternzeit muss nur rechtzeitig – also acht Wochen vor Antritt – beim Arbeitgeber angemeldet werden. Nach den acht Wochen steht Ihnen der alte oder aber ein vergleichbarer Arbeitsplatz – wenn von Ihnen gewünscht, auch in Vollzeit – zu.

Start: 2007 2007 wird das Kindergeld für das erste Lebensjahr kommen. Es wird (in Anlehnung an das ALG I) 67 Prozent des vorherigen Nettoeinkommens des betreuenden Elternteils betragen und unabhängig vom Familieneinkommen gezahlt. Nach Aussagen des Bundesfamilienministeriums stehen zwei erwerbstätigen Elternteilen damit auch nach der Geburt ihres Kindes gut 90 Prozent des vorher verfügbaren Einkommens zur Verfügung. Vorteil: Alleinerziehende werden nicht mehr von ALG II abhängig sein. Der Höchstbetrag für das Kindergeld wird mit 1.800 Euro beziffert. Vor der Geburt nicht Erwerbstätige erhalten nur einen Sockelbetrag von rund 750 Euro, der auf die Höhe des derzeitigen Erziehungsgeldes abgeschmolzen wird. Die dreijährige Elternzeit mit Arbeitsplatzgarantie bleibt bestehen.

2. Kindergeld

Kindergeld wird derzeit unabhängig vom Einkommen bezahlt. Es beträgt

- 154 Euro monatlich für das erste, zweite und dritte Kind,
- 179 Euro für das vierte und jedes weitere Kind.

Für Kinder bis 18 Jahren

Gezahlt wird, bis das Kind 18 Jahre alt ist. Es gibt zwei Ausnahmen: Arbeitslose Kinder erhalten Kindergeld bis 21 Jahre und Kinder in Ausbildung bis 27 Jahre (verlängert um Zeiten des Wehr- oder Ersatzdienstes). Kann ein Kind aufgrund einer Behinderung seinen Lebensunterhalt nicht selbst bestreiten, so kann Kindergeld ggf. lebenslang bezogen werden.

!

Sind Kinder älter als 18 Jahre, wird deren Einkommen auf das Kindergeld mit angerechnet. Verdienen Sprösslinge mehr als 7.680 Euro im Jahr, gibt es keinen Anspruch auf Kindergeld. Dieser Betrag wird jährlich neu festgelegt. Die hier genannte Zahl bezieht sich auf das Jahr 2005. Wichtig ist, dass von dem Einkommen der Arbeitnehmer-Pauschbetrag in Höhe von derzeit 920 Euro jährlich abzuziehen ist. Weiter wird das Einkommen des Kindes um den Arbeitnehmeranteil der Sozialversicherung bereinigt. Demnach kann das Einkommen des Kindes ohne weiteres über 7.680 Euro jährlich liegen, ohne dass der Kindergeldanspruch entfällt.

Tipp

In Zukunft dürfen erwachsene Kinder mehr verdienen, ohne dass das Kindergeld gestrichen wird. Das geht aus einem Beschluss des Bundesverfassungsgerichts hervor (BVerfG vom 11.1.2005, 2 BvR 167/02).

Das Kindergeld bekommt derjenige, bei dem das Kind wohnt. Lebt das erwachsene Kind allein, kann ihm das Kindergeld auch direkt von der Kindergeldkasse überwiesen werden.

Entgegen dem ersten Eindruck stellt das Kindergeld keine Sozialleistung des Staates dar. Vielmehr ist es eine monatliche Vorauszahlung auf eine Steuerrückzahlung, die sich aus der Freistellung des steuerlichen Existenzminimums des Kindes ergibt. Dies klingt kompliziert, ist in der Handhabung jedoch für Sie einfach: Geben die Eltern überhaupt keine Einkommensteuererklärung ab, passiert nichts. Wird eine Steuererklärung abgegeben, so prüft das Finanzamt selbstständig, welcher steuerliche Vorteil sich aus dem steuerlichen Abzug des Existenzminimums der Kinder von dem zu versteuernden Einkommen ergibt. Ist dieser Vorteil geringer als das bereits gezahlte Kindergeld, so passiert nichts. Es wird also keinesfalls Kindergeld zurückverlangt. Stellt sich jedoch heraus, dass der Steuervorteil höher ist, so wird dieser automatisch berücksichtigt. Diese Vorgehensweise nennt sich Günstigkeitsprinzip und bedarf keines Antrags.

Neben »normalen« Familien, in denen die Eltern verheiratet sind und mit ihren leiblichen Kindern zusammenleben, gibt es eine Reihe weiterer Möglichkeiten des familiären Zusammenlebens. Wie wird in dem Fall das Kindergeld bezahlt? Voraussetzung ist grundsätzlich, dass der Elternteil den Antrag stellt, der in Deutschland lebt oder sich hier gewöhnlich aufhält (für ausländische Staatsangehörigkeiten gelten zusätzliche Bedingungen).

Voraussetzung für den Antrag

- Vollwaisen können für sich selbst Kindergeld bekommen, wenn sie nicht bei einem Adoptiv-, Stief-, Groß-, oder Pflegeelternteil als Kind zu berücksichtigen sind.
- Adoptiveltern können Kindergeld für ein angenommenes Kind beanspruchen. Die Annahme wird durch das Vormundschaftsgericht ausgesprochen und mit der Zustellung des Annahmebeschlusses an die Adoptiveltern rechtswirksam. Ab dem Monat der Zustellung steht ihnen dann Kindergeld zu. Für die Zeit vor der Annahme kommt eventuell eine Berücksichtigung als Pflegekind in Betracht, wenn das Kind schon vorher im Haushalt der Adoptiveltern lebt (siehe unten Pflegeeltern). Mit der Adoption eines minderjährigen Kindes erlischt automatisch dessen Verwandtschaftsverhältnis zu den leiblichen Eltern. Es kann daher von den leibli-

chen Eltern nicht mehr beim Kindergeld berücksichtigt werden.

- Ein Stiefelternteil hat Anspruch auf Kindergeld für ein Kind des anderen Ehegatten, wenn er es in seinen Haushalt aufgenommen hat.
- Auch Großeltern können für ihr Enkelkind Kindergeld erhalten, wenn sie es in ihren Haushalt aufgenommen haben. Zahlen die Großeltern aber Unterhalt, ohne dass das Kind in ihrem Haushalt lebt, dann sind die Voraussetzungen für einen Anspruch auf Kindergeld nicht erfüllt.
- Pflegeeltern können Kindergeld beanspruchen, wenn sie mit dem Kind durch ein familienähnliches, auf längere Dauer angelegtes Band verbunden sind. Das Pflegekind muss wie ein eigenes Kind zur Familie gehören. Ein Obhuts- und Pflegeverhältnis zu den leiblichen Eltern darf nicht mehr bestehen. Die Pflegeperson erhält kein Kindergeld, wenn sie nicht nur mit dem Kind, sondern auch mit einem leiblichen Elternteil des Kindes in häuslicher Gemeinschaft lebt. Das damit fortbestehende Obhuts- und Pflegeverhältnis zum leiblichen Elternteil schließt in einem solchen Fall die Pflegeelternschaft aus.

Tipp

Bei Pflegeeltern, Großeltern und Stiefeltern ist der Kindergeldanspruch davon abhängig, ob das Kind in den Haushalt aufgenommen wurde, das heißt ständig dort betreut und versorgt wird. Die bloße Anmeldung bei der Meldebehörde genügt nicht. Das Kind muss sich durchgängig in dem Haushalt aufhalten. Ein Kind, das sich nur tageweise während der Woche oder wechselweise im Haushalt des Antragstellers und im Haushalt eines anderen Elternteils aufhält, gilt nicht als in den Haushalt des Antragstellers aufgenommen.

3. Hilfen für behinderte Kinder

Wer ein behindertes oder schwer krankes Kind hat, bekommt besondere staatliche Unterstützung. Wie bereits erwähnt, kann in diesem Fall das Kindergeld über das 27. Lebensjahr hinaus gezahlt werden. Mitglieder in der gesetzlichen Kranken- und Pflegeversicherung haben – abhängig von der Schwere der Behinderung – Anspruch auf folgende Leistungen: Diese unterscheiden sich nach Pflege-Sachleistungen für professionelle Pflegedienste und Pflegegeld, das gezahlt wird, wenn ein Familienangehöriger sich um das Kind kümmert.

Das bekommen Eltern zur häuslichen Pflege behinderter Kinder

Pflege-Sachleistungen:

Pflegestufe	Betrag monatlich in Euro
I für erheblich Pflegebedürftige	bis zu 384 Euro
II für Schwerpflegebedürftige	bis zu 921 Euro
III für Schwerstpflegebedürftige	bis zu 1.432 Euro
Härtefälle	bis zu 1.918 Euro

Pflegegeld:

Pflegestufe	Betrag monatlich in Euro
I für erheblich Pflegebedürftige	bis zu 205 Euro
II für Schwerpflegebedürftige	bis zu 410 Euro
III für Schwerstpflegebedürftige	bis zu 665 Euro

In der privaten Pflege-Pflichtversicherung, die privat Krankenversicherte abschließen müssen, werden die Kosten in Höhe der sozialen Pflegeversicherung erstattet.

Tipp Wer sein Kind selbst pflegt und dazu wöchentlich mindestens 14 Stunden benötigt, ist gesetzlich unfallversichert. Außerdem zahlt die Pflegeversicherung Beiträge zur gesetzlichen Rentenversicherung, wenn Sie neben der Pflege von 14 Stunden nicht mehr als 30 Stunden pro Woche arbeiten gehen.

Muss Ihr Kind im Heim gepflegt werden, erhöhen sich die Zuschüsse wie folgt:

Das bekommen Eltern zur stationären Pflege behinderter Kinder

Pflegestufe	Betrag monatlich in Euro
I für erheblich Pflegebedürftige	bis zu 1.023 Euro
II für Schwerpflegebedürftige	bis zu 1.279 Euro
III für Schwerstpflegebedürftige	bis zu 1.432 Euro
Härtefälle	bis zu 1.688 Euro

4. Hilfen für Familien mit geringem Einkommen und bei Arbeitslosigkeit

Grundsicherung

Arbeitslosigkeit wirft nicht nur die finanzielle Situation von Familien vollkommen durcheinander, auch die Lebensplanung insgesamt kann ins Wanken geraten. In dieser Situation ist es umso wichtiger, die Leistungen der gesetzlichen Arbeitslosenversicherung bzw. des Staates zu beantragen, um wenigstens die grundlegenden Bedürfnisse der Familie befriedigen zu können. Unterschieden wird zwischen ALG (I) und der so genannten Grundsicherung für Arbeitssuchende (ALG II), in die seit Anfang 2005 die ehemalige Arbeitslosenhilfe und die Sozialhilfe für Erwerbsfähige zusammengeflossen sind. Wer nicht erwerbsfähig ist, bekommt eine Grundsicherung für Erwerbsunfähige.

4.1 Arbeitslosengeld I

Bezugsdauer abhängig vom Alter

Die Dauer des Bezugs von ALG I wird sich für diejenigen, die arbeitslos werden, ab 1. Februar 2006 drastisch auf ein Jahr bzw. für über 55-Jährige auf 18 Monate reduzieren. Bisher lag sie zwischen sechs und 36 Monaten, abhängig vor allem vom Alter. Wichtig: Sie müssen sich binnen drei Monaten nach Bekanntwerden drohender Arbeitslosigkeit bei Ihrer Arbeitsagentur melden, sonst riskieren Sie, keine Versicherungsleistung zu bekommen. ALG bekommen

Sie grundsätzlich nur dann, wenn Sie gar keine Arbeit haben und in den letzten zwei Jahren mindestens 12 Monate sozialversicherungspflichtig beschäftigt waren. Außerdem müssen Sie bereit sein, eine Arbeit aufzunehmen und dies auch durch eigene Aktivitäten demonstrieren. Wie viel Geld Sie dann bekommen, richtet sich nach dem durchschnittlichen Wochenverdienst des letzten Jahres. Vom Nettogehalt gibt's mit Kind 67 Prozent, ohne Kind 60 Prozent. Außerdem überweist die Arbeitsagentur für Sie Beiträge in die Kranken-, Pflege- und Rentenversicherung. Wer mehreren Jobs nachgeht und einen davon verliert, erhält dafür Teilarbeitslosengeld.

4.2 Arbeitslosengeld II

Voraussetzung: Erwerbsfähigkeit

ALG II wird an Arbeitsuchende gezahlt, die erwerbsfähig sind, also mindestens drei Stunden täglich arbeiten können und zwischen 15 und 65 Jahre alt sind. In den meisten Fällen sind dies Arbeitslose, die kein ALG I mehr bekommen, weil die Arbeitslosigkeit länger als ein Jahr dauert (bei über 55-Jährigen länger als 18 Monate), oder Menschen, die noch keine Ansprüche auf ALG I aufgebaut haben. Arbeitslosengeld wird auch ergänzend zum ALG I gezahlt, wenn die Mittel aus dem ALG I allein zur Deckung des Lebensunterhalts nicht ausreichen. Der Hilfsbedürftige muss auf einem 16-seitigen Formular nachweisen, dass er seinen Lebensunterhalt nicht aus eigenen Mitteln und Kräften aufbringen kann. Dazu muss er sämtliche Einkünfte und sein Vermögen offen legen. Sofern vorhanden, müssen erst eigene Mittel aufgebracht werden, bevor es staatliche Hilfe gibt.

! Grundsätzlich werden alle Vermögensbestandteile angerechnet, um die Hilfsbedürftigkeit zu ermitteln. Neben Kapitalvermögen wie Ersparnisse, Aktien, Wertpapiere zählen hierzu auch Kapitallebensversicherung und wertvolle Antiquitäten oder Gemälde.

Freibeträge

Es gelten folgende Freibeträge: 200 Euro Grundfreibetrag pro Lebensjahr, jedoch maximal 13.000 Euro pro Person (26.000 Euro für Paare). Hinzu kommt ein Freibetrag für die Altersvorsorge in Höhe von 200 Euro pro Lebensjahr. Allerdings gilt hier, dass es sich um eine Anlageform handeln muss, die für die Altersvorsorge geeignet ist und nicht vor dem Rentenalter ausgezahlt wird. Drittens gilt ein Pauschalfreibetrag von 750 Euro (Regelleistung) pro Person in der Bedarfsgemeinschaft für notwendige Anschaffungen. Eine Sonderregelung gilt für diejenigen, die vor dem 1.1.1948 geboren sind: Sie dürfen einen Grundfreibetrag von 520 Euro pro Lebensjahr beanspruchen sowie zusätzlich die Pauschale von 750 Euro. Die selbst genutzte Immobilie ist bis zu einer Größe von 130 m^2 geschützt.

Nicht selbst genutzte Immobilien

Nicht selbst genutzte Immobilien gehen in die Vermögensanrechnung ein und müssen verkauft werden, wenn der Verlust beim Verkauf nicht größer als 10 Prozent des Verkehrswertes ist. Das gilt auch für anderes Vermögen. So ist eine Lebensversicherung nur dann vorzeitig aufzulösen, wenn die Kündigung zu nicht mehr als 10 Prozent Verlust der eingezahlten Beiträge führt. Selbst bewohnte Eigenheime bis zu einer bestimmten Größe gelten nicht als Vermögen. Der Besitz eines einfachen Autos für jeden Erwerbsfähigen in der Bedarfsgemeinschaft gilt als angemessen.

Bedarf der Betroffenen

Das ALG II orientiert sich also nicht am früheren Lohn, sondern am Bedarf der Betroffenen, die in einem Haushalt zusammenleben, der so genannten Bedarfsgemeinschaft. Reicht das gemeinsame Einkommen und Vermögen dieser Personen nicht aus, um den Bedarf zu decken, darf ALG II beantragt werden. Das bedeutet insbesondere, dass Partnereinkommen deutlich stärker bei der Berechnung der staatlichen Leistung berücksichtigt werden, als dies in der Vergangenheit der Fall war. Wer in einer so genannten Bedarfsgemeinschaft lebt, muss zunächst von diesen Personen unterstützt werden, bevor er staatliche Unterstützung in Anspruch nehmen darf.

Zu einer Bedarfsgemeinschaft zählen ...

Eltern und ihre unverheirateten, minderjährigen Kinder*, nicht dauernd getrennt lebende Ehepartner bzw. Partner einer eingetragenen Lebensgemeinschaft, beide Partner einer eheähnlichen Gemeinschaft.

*Hier ist geplant, dass auch volljährige Kinder unter 25 Jahren, die im Haushalt leben, künftig zur Bedarfsgemeinschaft zählen. Das Gesetz war zum Zeitpunkt des Redaktionsschlusses noch nicht beschlossen.

Eigener Antrag für Kinder ab 18 Jahre

Volljährige Kinder können bislang, auch wenn sie noch zu Hause wohnen, einen eigenen Antrag stellen. Wer bedürftig ist, bekommt folgende Unterstützung:

- Regelleistung für einen Alleinstehenden: 345 Euro
- Regelleistungen für Bedarfsgemeinschaften:
  - 622 Euro für zwei Volljährige
  - 345 Euro für einen Alleinerziehenden zzgl. 36 Prozent, wenn entweder ein Kind unter sieben Jahren oder mindestens zwei Kinder unter 16 Jahren sind,
  - 207 Euro für Kinder unter 14 Jahren,
  - 276 Euro für Kinder über 14 Jahren.

Tipp

Dazu kommen Aufschläge bei Schwangerschaft und Geburt, für Menschen mit Behinderung bzw. bei aufwändiger Ernährung, Kosten für Miete und Heizung, Umzug und Mietkaution, Zuschüsse zur erstmaligen Ausstattung mit Kleidung und Gegenständen der Wohnungseinrichtung, für Klassenfahrten sowie die Beiträge zur Kranken-, Pflege- und Rentenversicherung.

Wer vor dem ALG II Arbeitslosengeld bekommen hat, wird beim Absturz auf die meist deutlich geringere Summe für zwei Jahre abgefedert und erhält als Paar im ersten Jahr bis zu 320 Euro monatlich zusätzlich (Alleinstehende 160 Euro) sowie für jedes Kind 60 Euro, im zweiten Jahr die Hälfte. Die konkrete Höhe orientiert sich an der Differenz zwischen ALG I und ALG II und beträgt im ersten Jahr zwei Drittel, im zweiten Jahr zwei Drittel der Differenz.

Neu seit 1. Oktober 2005

Die Eigenheimzulage für ein angemessen großes, selbstbewohntes Haus wird bei der Berechnung des ALG II nicht mehr als Einkommen berücksichtigt.

Kindergeld für volljährige Kinder, die allein wohnen, wird nicht mehr angerechnet, wenn ALG-II-Bezieher den Betrag an die Kinder weitergeben.

Haben Kinder (jünger als 16 Jahre) von Sozialgeldempfängern Einnahmen, die monatlich nicht höher als 100 Euro sind, werden diese Einnahmen nicht angerechnet.

Einmalige Einnahmen werden auf einen angemessenen Zeitraum verteilt und innerhalb dieses Zeitraums monatlich angerechnet.

Hinzuverdienstgrenze

Auch die Hinzuverdienstgrenze, bis zu der sich ein Zusatzeinkommen nicht auf das ALG II auswirkt, wurde erhöht:

- bis 100 Euro dürfen ohne Abzug dazuverdient werden,
- für das Brutto-Einkommen zwischen 100 und 800 Euro sind 20 Prozent frei,
- für das Brutto-Einkommen ab 800 Euro sind 10 Prozent frei.

Der Rest wird auf das ALG II angerechnet. Die Obergrenze für Freibeträge liegt bei 1.200 Euro für Kinderlose und 1.500 Euro für ALG-II-Empfänger mit Kindern. Das darüber liegende Einkommen wird voll auf das ALG II angerechnet.

Beispiel

Beispiel: Bei 400 Euro Zusatzverdienst bleibt zunächst der Grundfreibetrag von 100 Euro frei. Von dem zwischen 100 und 400 Euro liegenden Betrag sind weitere 20 Prozent frei, also 60 Euro, ergibt zusammen 160 Euro. Bei 600 Euro Zusatzverdienst ergibt sich also ein Freibetrag von 200 Euro (vom Zusatzverdienst wird zunächst der Freibetrag von 100 Euro abgezogen und auf den so reduzierten Betrag wird dann der Prozentsatz angewendet). Bei besonders hohen berufsbedingten Aufwendungen wie Fahrtkosten kann im Einzelfall ein höherer Freibetrag als 100 Euro bestehen.

4.3 Kinderzuschlag

Ebenfalls seit Anfang 2005 gibt es den Kinderzuschlag für einkommensschwache Eltern, die mit ihrem Einkommen zwar den eigenen, nicht aber den Unterhalt ihrer Kinder gewährleisten können, also ohne Kinderzuschlag auf ALG II angewiesen wären. Das Einkommen muss mindestens so hoch sein wie ALG II – ohne die Kinderzuschläge – (Lebensunterhalt plus Wohnung und Heizung). Auf Antrag bei der Kindergeldkasse gibt es dann bis zu 140 Euro pro minderjähriges, kindergeldberechtigtes und im Haushalt lebendes Kind. Auf den Internetseiten des Bundesfamilienministeriums (www.bmfsfj.de) finden Interessenten einen Kinderzuschlagsrechner, mit dessen Hilfe Sie den genauen Zuschuss, der Ihnen zusteht, ausrechnen können. Wer ALG II bezieht, kann allerdings keinen Kinderzuschuss beantragen, da hier die Kinderkosten schon enthalten sind. Soweit ein Anspruch auf einen Zuschlag auf das ALG II (nach vorherigem Bezug von ALG I) besteht, kann es im Einzelfall sinnvoller sein, diese Leistung zu wählen. Diese Wahlmöglichkeit soll es künftig geben. Ab wann sie besteht, war zu Redaktionsschluss des Ratgebers noch nicht beschlossen.

Antrag bei der Kindergeldkasse

5. Hilfen zum Wohnen

Wohnen ist ein so genanntes Grundrecht. Wer sich nicht aus eigener Kraft angemessenen Wohnraum leisten kann, dem greift der Staat unter die Arme.

5.1 Wohngeld

Wer wenig verdient und zur Miete wohnt, hat die Möglichkeit, Wohngeld zu beantragen, wer die Belastungen eines Eigenheimes nicht selbst tragen kann, bekommt unter Umständen einen so genannten Lastenzuschuss. Ob Ihnen ein Zuschuss zusteht, hängt ab von

Anspruch hängt ab von

- dem Gesamteinkommen des Haushalts,
- der Anzahl der Familienmitglieder, die im Haushalt leben, und
- der Miet- bzw. Ratenhöhe.

In staatliche Transferleistungen, also im ALG II, in der Sozialhilfe oder Erwerbsminderungsrente, sind die Wohnkosten schon automatisch enthalten. In diesen Fällen kann also kein Wohngeld beantragt werden. Sie können aber zugunsten des Wohngelds auf Transferleistungen verzichten. Was besser ist, lässt sich nur im Einzelfall entscheiden, denn der Bezug sozialer Leistungen ist mit Rechten und Pflichten verbunden. Diese müssen Sie bei der Entscheidung mit in Betracht ziehen. Ein Rechtsanspruch auf Wohngeld besteht jedoch nicht, es ist eine Kann-Leistung.

Bei der Berechnung des Einkommens werden alle steuerpflichtigen positiven Einkünfte, die für das kommende Jahr zu erwarten sind (abzüglich Werbungskosten), bzw. bei Selbstständigen der Gewinn zugrunde gelegt.

Tipp

Kindergeld wird nicht zum Einkommen gerechnet.

Von dem ermittelten Jahreseinkommen sind folgende Beträge absetzbar:

- Der pauschale Abzug beträgt mindestens 6 Prozent. (Wer z.B. nur ALG bezieht, kann lediglich die Grundpauschale von 6 Prozent absetzen.) Er erhöht sich auf
- 10 Prozent bei Familienmitgliedern, die Pflichtbeiträge zur gesetzlichen Kranken- und Pflegeversicherung oder zur gesetzlichen Rentenversicherung oder Steuern vom Einkommen entrichten,
- 20 Prozent bei Familienmitgliedern, die Pflichtbeiträge zur gesetzlichen Kranken- und Pflegeversicherung und zur gesetzlichen Rentenversicherung entrichten,
  oder
- die Steuern vom Einkommen entrichten und zusätzliche Pflichtbeiträge zur gesetzlichen Kranken- und Pflegeversicherung oder Rentenversicherung leisten,
- 30 Prozent bei Familienmitgliedern, die Steuern vom Einkommen sowie Pflichtbeiträge zur gesetzlichen Kranken- und Pflegeversicherung und zur gesetzlichen Rentenversicherung zahlen.

Dazu kommen Freibeträge für:

Freibeträge für

- Schwerbehinderte Familienmitglieder: 100 bis 125 Euro
- Kinder unter 12 Jahren (der Antragsteller muss allein mit den Kindern wohnen und die Kinder müssen in Arbeit oder Ausbildung sein): 50 Euro,
- Kinder zwischen 16 und 25 Jahren mit eigenem Einkommen,
- die gesetzliche Unterhaltspflicht.

Bis zu diesen Einkommensgrenzen wird Wohngeld bezahlt*

Familienmitglieder	Einkommensgrenze (Euro)	Bruttoeinkommen eines Verdieners (in Euro) vor pauschalem Abzug von			
		6 %	10%	20%	30%
1	830	882	922	1.037	1.185
2	1.140	1.212	1.266	1.425	1.628
3	1.390	1.478	1.544	1.737	1.985
4	1.830	1.946	2.033	2.287	2.614
5	2.100	2.234	2.333	2.625	2.999

* für ab 1992 bezugsfertig gewordene Wohnungen in Gemeinden der Mietstufe VI; sonst ergeben sich andere, meist niedrigere Grenzen (Quelle: Bundesministerium für Verkehr, Bau- und Wohnungswesen)

Höhe des Wohngelds

Nun stellt sich natürlich die Frage, mit wie viel Zuschuss man rechnen kann, wenn man unterhalb dieser Einkommensgrenze bleibt. Wohngeld wird grundsätzlich nur bis zu einer bestimmten Höhe – für angemessenen Wohnraum – gezahlt. Was ein angemessener Wohnraum ist, richtet sich nach der Zahl der Familienmitglieder und nach dem örtlichen Mietniveau. Vereinfacht gesagt können die eigentliche Miete und kalte Betriebskosten in Rechnung gestellt werden. Der Wohngeldverordnung können Sie entnehmen, welcher Mietenstufe Ihre Stadt oder Gemeinde zugeordnet ist. Aus Platzgründen kann hier nicht die gesamte Tabelle mit den Höchstbeträgen für die zuschussfähige Miete bzw. Belastung abgedruckt werden.

Tipp

Informieren Sie sich beim Bundesministerium für Verkehr, Bau- und Wohnungswesen (www.bmvbw.de). Dort können Sie die gesamte Tabelle sowie die Wohngeldtabelle mit den tatsächlich gezahlten Zuschüssen sowie viele weitere Informationen abrufen.

Beispiel für eine zuschussfähige Miete: Ein Ehepaar mit Kind wohnt in einer Mietwohnung, die 1972 bezugsfertig geworden ist und in einer Gemeinde der Mietenstufe III liegt. Nur der Ehemann ist Arbeitnehmer und bezahlt Pflichtbeiträge in die gesetzliche Pflege-, Kranken- und Rentenversicherung sowie Einkommensteuer (30 Prozent pauschaler Abzug). Er verdient 1.750 Euro brutto, ohne Kindergeld. Der Mietzuschuss errechnet sich dann folgendermaßen:

Einkommen	1.750,00 Euro
abzüglich Werbungskostenpauschale	76,67 Euro
	1.673,33 Euro
abzüglich 30 Prozent Pauschale	502,00 Euro
monatliches Gesamteinkommen	1.171,33 Euro
monatliche Bruttokaltmiete	385,00 Euro
zuschussfähige Miete	385,00 Euro
(höchstens 390,00 Euro)	
Mietzuschuss monatlich	41,00 Euro*

*Die 41 Euro ergeben sich aus der Wohngeldtabelle für drei Familienmitglieder mit Einkommen zwischen 1.170 und 1.180 Euro und einer zuschussfähigen Miete von mehr als 380 bis 390 Euro.

Quelle: www.bmvbw.de

5.2 Bausparförderung

Wer irgendwann einmal bauen oder eine Eigentumswohnung kaufen will, sollte möglichst frühzeitig einen Bausparvertrag abschließen. In diesen Vertrag zahlt er regelmäßig mehr oder weniger kleine Beträge ein. Aber er ist nicht allein, viele tausend andere Sparer tun es ihm gleich. Alle gemeinsam werfen ihr Geld sinnbildlich in einen Topf. Aus diesem Topf zahlen dann die Bausparkassen ihren Mitgliedern irgendwann einmal das ersparte Geld zurück. Mit Zinsen. Und gleichzeitig haben die Sparer mit Abschluss der Sparphase das Recht erworben, ein zinsgünstiges Darlehen abzurufen.

Bausparsumme

Die Bausparsumme, die schließlich zur Verfügung steht, besteht also aus einer selbst gesparten Summe (»Ansparphase«) und einem Darlehen (»Darlehensphase«). Mindestens 40 bis 50 Prozent der Summe sollte selbst gespart werden. In beiden Fällen, also für die gesparte und die Darlehenssumme sind die Zinsen niedrig. Die Darlehenszinsen liegen in der Regel um 2 Prozent über den Guthabenzinsen.

Tipp

In der Ansparphase wird Ihr Geld anderen Bausparern als Darlehen zur Verfügung gestellt. Der Prozess ist also vom Kapitalmarkt weitgehend abgekoppelt und gleich bleibend relativ niedrige Zinsen sind garantiert.

!

Damit die »Ansparer« nicht ewig auf die Zuteilung ihres Darlehens warten müssen, ist schon mit Beginn des Darlehens ein hoher Tilgungsanteil fällig: 5 Prozent Zinsen und 7 Prozent Tilgung sind die Regel. Das führt zu sehr hohen Raten. Daher kann kein Hausbau oder Kauf vollständig mit einem Bausparvertrag finanziert werden. Die Belastungen würden jeden Normalverdiener in den Ruin stürzen.

Wohnungsbauprämie

Das besondere am Bausparen ist: Der Staat spart mit. Er zahlt eine so genannte Wohnungsbauprämie für Ihre Spareinzahlungen und spendiert Zulagen, wenn sie oder Ihr Arbeitgeber Bausparbeiträge direkt an die Bausparkasse zahlen (»Arbeitnehmersparzulage«). Wie überall, darf auch hier nicht zu viel verdient werden. Wohnungsbauprämie gibt's nur, wenn das zu versteuernde Einkommen

- für Alleinstehende 25.600 Euro und
- für Verheiratete 51.200 Euro

nicht übersteigt. Die Prämie nach dem Wohnungsbau-Prämiengesetz beträgt dann 8,8 Prozent auf Ihre Spareinzahlungen bis zu einer Maximalhöhe von 512 Euro jährlich (Alleinstehende) bzw. von 1.024 Euro (Verheiratete). Bei der Arbeitnehmersparzulage gibt der Staat 9 Prozent für die Anlage vermögenswirksamer Leistungen von maximal 470 Euro pro Jahr auf einen Bausparvertrag dazu, wenn das zu versteuernde Einkommen pro Jahr bis zu

- 17.900 Euro bei Alleinstehenden und
- 35.800 Euro bei Ehepaaren

beträgt.

! Damit Bauspargeld und Sparzulage auch wirklich für Wohnzwecke verwendet werden, muss ab Vertragsschluss eine gesetzliche Bindungsfrist von sieben Jahren eingehalten werden. Innerhalb dieser Zeit darf das Geld nur »wohnwirtschaftlich« verwendet werden – sonst muss die Prämie zurückgezahlt werden.

Tipp Wird Ihr Bausparvertrag vorher zuteilungsreif, können Sie ihn natürlich sofort für Bau, Kauf oder Modernisierung von eigenem Wohnraum einsetzen, ohne dass die Zuschüsse verloren gehen.

6. Hilfen für Alleinerziehende

Nachteilsausgleich

Da Alleinerziehende gegenüber Familien mit zwei Elternteilen finanziell benachteiligt sind, gibt es eine Reihe von Regelungen, die diesen Nachteil ausgleichen sollen.

6.1 Kindergeld und Steuerfreibetrag

Das Kindergeld bekommt der Elternteil, bei dem das Kind wohnt. Der andere Elternteil kann von seiner Unterhaltsleistung allerdings die Hälfte des Kindergeldes abziehen.

Der komplette Steuerfreibetrag von 1.824 Euro, der statt Kindergeld in Anspruch genommen werden kann, und die Freibeträge für Betreuung und Erziehung von Kindern in Höhe von 1.080 Euro stehen Alleinerziehenden dann allein zu, wenn der andere Elternteil verstorben ist, wenig verdient oder seinen Unterhaltspflichten aus anderen Gründen zu weniger als 75 Prozent nachkommt.

Tipp

In diesen Fällen wird der gesamte Freibetrag von 5.808 Euro von der Summe Ihrer Einkünfte abgezogen, bevor Steuern zu zahlen sind.

6.2 Unterhaltsvorschuss

Zusätzlich kann – falls der Unterhaltspflichtige nicht bekannt ist oder nicht (ausreichend) zahlt – beim Jugendamt ein Unterhaltsvorschuss beantragt werden. Der beträgt

- für Kinder bis sechs Jahre 111 Euro (neue Bundesländer) bzw. 127 Euro (alte Bundesländer),
- für Kinder von sechs bis 12 Jahren 151 Euro (neue Bundesländer) bzw. 170 Euro (alte Bundesländer).

Tipp

Eine kostenlose Broschüre und weitere Informationen finden Sie beim Bundesministerium für Familie, Senioren, Frauen und Jugend im Internet: www.bmfsfj.de.

6.3 Weitere steuerliche Entlastung

Seit dem Jahr 2004 gibt es für Alleinerziehende zusätzlich zu Kindergeld oder Kinderfreibeträgen einen steuerlichen Entlastungsbetrag von 1.308 Euro jährlich, wenn mindestens ein Kind im Haushalt lebt, für das ihnen Kindergeld oder Freibeträge zustehen (Steuerklasse II). Darüber hinaus können erwerbstätige Alleinstehende und Eltern, die beide berufstätig sind, Kinderbetreuungskosten steuerlich geltend machen.

Nur wenn Sie berufstätig sind

Diesen Vorteil haben Sie zusätzlich zu Kindergeld oder Kinderfreibeträgen – aber nur dann, wenn Sie berufstätig, behindert oder dauernd krank sind. Und als Alleinstehender können Sie die steuerliche Entlastung nur nutzen, wenn

Sie lediglich den halben Freibetrag für Betreuung und Erziehung bzw. Ausbildung (1.080 Euro) bekommen.

In diesem Fall gibt es einen Kinderbetreuungskostenabzug, der bei nachgewiesenen Kosten von mehr als 774 Euro jährlich einsetzt und dann bis zu einem Höchstbetrag von 750 Euro möglich ist.

6.4 Zuschläge für Mehrbedarf

Mehrbedarfszuschlag

Wer als Alleinerziehender ALG II oder Sozialhilfe bekommt, erhält einen Mehrbedarfszuschlag für Kinder. Dieser beträgt

- 36 Prozent der Regelleistung für den Haushaltsvorstand für ein Kind unter sieben Jahren bzw. für zwei oder drei Kinder unter 16 Jahren,
- ansonsten pro Kind 12 Prozent, höchstens allerdings 60 Prozent.

Die Zuschläge werden zusammen mit dem ALG II gezahlt.

7. Schüler-BAföG

Ab Klasse 10

Das Bundesausbildungsförderungsgesetz (BAföG) sieht in einigen Ausnahmefällen vor, dass neben Studierenden auch Schüler ab Klasse 10 Zuschüsse erhalten. Der Vorteil: Schüler brauchen das Geld nicht zurückzuzahlen. Die Höhe der Förderung hängt nicht vom tatsächlichen Bedarf ab, sondern wird als so genannter Bedarfssatz geleistet, d. h. entsprechend dem, was ein Schüler normalerweise für seinen Lebensunterhalt und die Ausbildung benötigt. Voraussetzung ist jedoch, dass der Schüler während seiner Ausbildung nicht bei den Eltern wohnen kann, z. B. weil er verheiratet ist, ein Kind zu betreuen hat oder die Schule zu weit entfernt vom Haus der Eltern ist. In diesem Fall beträgt die Förderung 348 Euro. Muss der Schüler für Miet- und Nebenkosten mehr als 52 Euro zahlen, kommen noch einmal bis zu 64 Euro dazu.

!

BAföG wird grundsätzlich einkommensabhängig gezahlt. Wer also eigenes Einkommen hat oder bei wem die Eltern bzw. der Ehepartner zu viel verdienen, der bekommt entweder gar nichts oder aber weniger als den Höchstsatz. Als Einkommen wird die Summe der positiven Einkünfte abzüglich Einkommen- und Kirchensteuer, pauschaler Sozialversicherungsbeiträge sowie des Altersentlastungsbetrags (ab dem 64. Lebensjahr) zugrunde gelegt. Davon bleibt eine bestimmte Summe für den eigenen Bedarf unberücksichtigt.

Dieses Einkommen der Eltern bleibt unberücksichtigt

Verheiratete, zusammenlebend:	1.440 Euro
Alleinstehende:	960 Euro
Stiefelternteil:	480 Euro
weitere Kinder je:	435 Euro

Von dem verbleibenden Betrag der Eltern bleiben weitere 50 Prozent und zusätzlich für jedes Kind weitere 5 Prozent anrechnungsfrei.

Der Betrag, der so ermittelt wird, ist der Betrag, den die Eltern selbst für die Ausbildung ihrer Kinder aufbringen müssen. Ist dieser Betrag niedriger als der Bedarfssatz, dann gibt es die volle Förderung, ansonsten wird die Differenz bis zum Bedarfssatz gezahlt, falls der Schüler ledig ist und selbst nichts verdient. Denn auch das Einkommen des Ehepartners wird angerechnet:

Dieses Einkommen von Ehegatten bleibt unberücksichtigt

Ehegatte:	960 Euro
je Kind:	435 Euro

Grenzen für den Hinzuverdienst

Daneben wird auch eigenes Einkommen herangezogen, falls der Schüler nebenbei jobbt. Bis zu diesen Grenzen dürfen Schüler jährlich dazuverdienen, ohne dass BAföG gekürzt wird: Bei einem ledigen, kinderlosen Schüler bleiben beim Besuch

- einer weiterführenden allgemein bildenden Schule, Berufsfachschule, Fach- oder Fachoberschulklasse (abgeschlossene Berufsausbildung nicht vorausgesetzt) 2.632 Euro brutto,
- einer Abendhauptschule, Berufsaufbauschule, Abendrealschule, Fachoberschulklasse (eine abgeschlossene Berufsausbildung vorausgesetzt) 3.258 Euro brutto und
- einer Fachschulklasse (abgeschlossene Berufsausbildung vorausgesetzt), eines Abendgymnasiums, Kollegs, einer Höheren Fachschule, Akademie, Hochschule 4.206 Euro brutto

jährlich anrechnungsfrei.

Ist ein Schüler verheiratet, werden weitere Freibeträge für den Ehegatten und Kinder, sofern sie nicht selbst BAföG beziehen, angerechnet. Frei sind für den Ehegatten monatlich 480 Euro und für jedes Kind monatlich 435 Euro.

Tipp

Wenn Kinder ein Abendgymnasium oder ein Kolleg besuchen, wird elternunabhängiges BAföG gezahlt. Eigenes Einkommen und das des Ehepartners werden aber trotzdem angerechnet.

8. Vermögenswirksame Leistungen (VL) auch für Azubis

Arbeitnehmersparzulage

Auszubildende dürfen wie andere Arbeitnehmer auch einen Teil ihres Geldes auf einen VL-Sparvertrag einzahlen. Oft gibt der Arbeitgeber einen Teil dazu oder übernimmt die gesamte Summe von maximal 470 Euro im Jahr. Gespart werden darf mit einer beliebigen Geldanlage. Wer jedoch die Arbeitnehmer-Sparzulage bekommen will, muss in einen Bausparvertrag oder einen Aktienfonds einzahlen. Die Laufzeit muss auf mindestens sieben Jahre festgelegt werden.

Tipp

Beim Bausparen zahlt der Staat 9 Prozent Zulage zur jährlich gesparten Summe.

Auch das Aktienfonds-Sparen wird staatlich gefördert. Wer bis zu 400 Euro pro Jahr hier anlegt, kann dafür 18 Prozent Sparzulage bekommen. Der Fonds muss allerdings für diesen Zweck zugelassen sein. Die Einkommensgrenzen von 17.900 Euro für Alleinstehende und 35.800 Euro für Ehepaare sehen nur auf den ersten Blick niedrig aus. In Wirklichkeit kann viel mehr verdient werden, da nicht das Brutto- sondern das zu versteuernde Einkommen als Basis dient. Auszubildende bleiben wahrscheinlich in jedem Fall darunter. Und Familien mit drei Kindern beispielsweise haben auch mit einem Bruttoeinkommen von rund 50.000 Euro durchaus Chancen, VL-Sparzulagen zu bekommen.

Das umfangreiche Thema »Geld vom Staat« wird auch in dem Ratgeber der Verbraucherzentrale »Zuschüsse vom Staat – Öffentliche Mittel, die Ihnen zustehen« (9,80 Euro) behandelt. Bestellung unter www.ratgeber-verbraucher zentrale.de möglich.

Top-Tipps Staatliche Geldquellen

- Eltern, die nicht mehr als 30 Wochenstunden arbeiten, steht für die erste Lebenszeit ihres Kindes Erziehungsgeld zu: Entweder ein Betrag von bis zu 300 Euro pro Monat für die Dauer von zwei Jahren oder 450 Euro für ein Jahr. Dabei gelten bestimmte Verdienstgrenzen.
- Erziehungsgeld wird neben Sozialhilfe, ALG II, Wohngeld und Ausbildungsförderung gezahlt.
- Kindergeld für über 18-jährige Kinder, die sich in der Ausbildung befinden, wird nur gezahlt, wenn sie jährlich nicht mehr als 7.680 Euro verdienen.

- Eltern eines schwerstbehinderten Kindes stehen in Härtefällen monatlich bis zu 1.918 Euro für die professionelle Pflege bzw. 665 Euro zu, wenn sie ihr Kind selbst pflegen (können).
- Arbeitslosengeld als Versicherungsleistung (ALG I) wird seit Februar 2006 nur noch für ein Jahr (über 55-Jährige 18 Monate) gezahlt. Die Höhe beträgt 67 Prozent (mit Kind(ern)), bzw. 60 Prozent des durchschnittlichen Nettogehalts.
- Wer nicht mehr oder noch nicht ALG I bezieht und bedürftig ist, kann – wenn er dem Arbeitsmarkt zur Verfügung steht – ALG II bekommen. Die Regelleistung beträgt für einen Alleinstehenden 345 Euro. Kinder bekommen bis 14 Jahre 60 Prozent, ab 14 Jahre 80 Prozent dieser Summe.
- Erwachsene Kinder können, auch wenn sie noch zu Hause wohnen, einen eigenen ALG-II-Antrag stellen, wenn sie die Voraussetzungen erfüllen.
- Einkommensschwache Eltern können einen Kinderzuschlag von bis zu 140 Euro monatlich bekommen, wenn sie mit ihrem Einkommen zwar den eigenen Lebensunterhalt, nicht aber den der Kinder bestreiten können.
- Wer angemessenen Wohnraum nicht aus eigener Kraft finanzieren kann, erhält unter Umständen Wohngeld. Der Zuschuss zur Miete wird abhängig von Verdienst, Anzahl der Familienmitglieder und Wohnungsgröße gezahlt.

- Wer Wohneigentum finanzieren will, sollte rechtzeitig mit dem Bausparen beginnen, das einen Teil des notwendigen Eigenkapitals sichert. Zu hohe Darlehenssummen sollten allerdings vermieden werden, weil die Rückzahlung in kurzen Zeiträumen und mit hohen Belastungen erfolgt.
- Bausparer, die nicht zu viel verdienen, bekommen eine Wohnungsbauprämie von 8,8 Prozent auf eine Sparleistung bis maximal 512 Euro jährlich (Alleinstehende) bzw. bis 1.024 Euro (Verheiratete), und können zusätzlich 9 Prozent Zulage bekommen, wenn sie oder der Arbeitgeber bis zu 470 Euro jährlich in einen Bausparvertrag einzahlen.
- Alleinerziehende können eine Reihe steuerlicher Entlastungen und Zuschüsse in Anspruch nehmen.
- Schüler können unter bestimmten Umständen BAföG bis zu 348 Euro plus 64 Euro Mietzuschuss bekommen. Eigenes Einkommen, das von einem Ehepartner und der Eltern wird angerechnet.

Kapitel 4
Weitere Geldquellen nutzen

Wer Kinder hat, kann neben dem Freibetrag alternativ zum Kindergeld weitere steuerliche Vorteile nutzen. Praktisch in allen Phasen der Entwicklung des Kindes kann es solche Möglichkeiten geben.

1. Kinder und Steuern

Nachgewiesene Kinderbetreuungskosten

Für Kinder unter 14 Jahren können nachgewiesene Kinderbetreuungskosten bis maximal 1.500 Euro jährlich abgesetzt werden. Voraussetzung dafür ist allerdings, dass beide Eltern berufstätig sind und das Kind wirklich betreut wird (Kosten für Kindergarten, Tagesmutter oder Hort) und die jährlichen Kosten dafür mehr als 1.548 Euro ausmachen.

Tipp

Die zweite Möglichkeit, Steuern zu sparen, ist ein Arbeitgeber-Zuschuss: Wer diesen von seinem Arbeitgeber zur Betreuung seiner nicht schulpflichtigen Kinder bekommt, braucht den Zuschuss nicht zu versteuern.

Dabei ist es unerheblich, ob das Kind in den Betriebskindergarten geht, in eine private Kinderkrippe oder von einer Tagesmutter betreut wird.

Wer für sein Kind Schulgeld bezahlen muss, kann 30 Prozent davon als Sonderausgaben absetzen, vorausgesetzt, die Schule ist als Ersatzschule genehmigt. Für Schulen im Ausland gilt das nicht.

Jährlicher Erziehungsfreibetrag

Wie im vorigen Kapitel schon beschrieben, können Eltern Erziehungskosten absetzen. Das Gesetz zur Familienförderung sieht hierfür einen jährlichen Erziehungsfreibetrag von 2.160 Euro (für Alleinstehende die Hälfte) für Kinder bis 18 Jahre vor, d.h. der Kinderfreibetrag von 3.648 Euro wird um diesen Betrag erhöht. Dabei wird jedoch das Kindergeld angerechnet, das 154 Euro im Monat für das erste bis dritte Kind beträgt.

Ausbildungsfreibetrag

Wer die Berufsausbildung seines Kindes finanzieren muss, kann einen Ausbildungsfreibetrag von 924 Euro beantragen. Voraussetzung ist allerdings, dass das Kind volljährig ist, die Eltern den Kinderfreibetrag oder Kindergeld bekommen und das Kind nicht zu Hause wohnt. Hat das Kind eigene Einkünfte, müssen diese berücksichtigt werden, sofern sie 1.848 Euro jährlich übersteigen. Ebenso müssen Ausbildungszuschüsse aus öffentlichen Mitteln berücksichtigt werden.

Tipp

Haben Sie keinen Anspruch auf einen Ausbildungsfreibetrag, dann sollten Sie prüfen, ob Sie die Ausbildungskosten nicht als Unterhaltsleistungen unter der Rubrik »Außergewöhnliche Belastung« absetzen können. Dies könnte z. B. dann der Fall sein, wenn das unterstützte Kind behindert ist.

Bis max. 27. Lebensjahr

Solange Kinder noch in der Ausbildung sind, haben Eltern Anspruch auf Kindergeld – maximal bis zum 27. Lebensjahr. Zur Ausbildung zählen auch berufsbildende Maßnahmen wie ein Au-Pair-Aufenthalt im Ausland zur Sprachausbildung. Das entschied der Bundesfinanzhof in einem Urteil (Aktenzeichen VI R 33/98 und VI 143/98). In anderen Fällen erkannten die Richter zudem den Besuch eines ausländischen Colleges (VI R 34/98), ein Volontariat (VI R 50/98), das Anwaltspraktikum eines Jura-Studenten (VI R 16/99) oder die Vorbereitung auf eine Promotion an (VI R 92/98). Entscheidend in allen Fällen ist, dass die Ausbildungsmaßnahmen mit einer berufsorientierten Prüfung abschließen.

Ganz aktuell gab es zu Redaktionsschluss dieses Buches einen Kompromiss innerhalb der Regierungskoalition, der die Absetzbarkeit von Kinderbetreuungskosten betrifft: Für alle gilt: Die Aufwendungen für die Kinderbetreuung können vom ersten Euro an steuerlich geltend gemacht werden. Absetzbar sind aber nur zwei Drittel der tatsächlich entstandenen Kosten bis zu einem Höchstbetrag von 4.000 Euro pro Jahr und Kind. In Abhängigkeit von der

Verdienstsituation und vom Alter der Kinder profitieren Familien unterschiedlich von dieser Regelung.

Allein-erziehende/ Doppelverdiener

Alleinerziehende und Doppelverdiener-Paare können die Kosten für die Betreuung ihrer Kinder von 0 bis 14 Jahren steuerlich geltend machen. Kommt eine Familie beispielsweise im Jahr auf 1.000 Euro Betreuungskosten, sind zwei Drittel davon, 666 Euro, steuerlich absetzbar. Die verbleibenden 333 Euro, ein Drittel, tragen die Eltern selbst. Betragen die jährlichen Betreuungskosten 6.000 Euro, sind zwei Drittel davon, also der Höchstbetrag von 4.000 Euro, von der Steuer absetzbar. Ab 6.000 Euro jährlicher Aufwendungen greift somit der Deckelbetrag. Darüber hinaus können keine weiteren Beträge – auch nicht anteilig – abgesetzt werden. Hat eine Familie Betreuungskosten also von 7.000 Euro im Jahr, läge die Zwei-Drittel-Grenze bei 4.620 Euro. Davon können jedoch nur 4.000 Euro (zwei Drittel von 6.000 Euro) steuerlich geltend gemacht werden.

Alleinverdiener

Alleinverdiener-Paare kommen in den Genuss der genannten Regelung nur für die Betreuung ihrer Kinder vom 3. bis zum 6. Lebensjahr. Hier gilt dieselbe Rechengrundlage wie bei Alleinerziehenden und Doppelverdiener-Paaren.

Darüber hinaus können Alleinverdiener-Paare, die ihre Kinder bis zum vollendeten 2. Lebensjahr und vom 7. bis zum 14. Lebensjahr im Haushalt betreuen lassen, die dadurch entstandenen Kosten über die Förderung haushaltsnaher Dienstleistungen absetzen. Zum einen können Eltern bis zu 2.400 Euro von ihrer Steuerschuld abziehen, wenn sie ein sozialversicherungspflichtiges Beschäftigungsverhältnis direkt mit der Tagesmutter abgeschlossen haben. Zum anderen sind maximal 600 Euro absetzbar, wenn die Tagesmutter über eine externe Dienstleistungsagentur beschäftigt wird.

2. Vorteile in der Pflegeversicherung

Mitglieder der gesetzlichen Pflegeversicherung mit Kindern müssen seit Anfang 2005 geringere Beiträge einzahlen als Mitglieder ohne Kinder. Kinderlose Mitglieder zahlen einen Beitragszuschlag von 0,25 Beitragssatzpunkten, Mitglieder, die Kinder haben oder gehabt haben, hingegen nicht. Berücksichtigt werden auch Adoptiv-, Stief- und Pflegekinder. Es gibt eine Ausnahme: Kinderlose Paare, die vor dem 1. Januar 1940 geboren sind, sind von dieser Zuschlagspflicht ausgenommen.

3. Unterhalt

Anspruch der Kinder

Grundsätzlich haben Kinder den Eltern gegenüber einen Anspruch auf Unterhaltsleistungen. Diese werden zunächst dadurch erbracht, dass die Eltern ihnen Wohnung, Kleidung, Essen und alles das geben, was die Kinder zum Leben brauchen. Trennen sich die Eltern, ist das minderjährige Kind in der Regel nicht in der Lage, seinen Lebensunterhalt selbst zu bestreiten. Eine Ausnahme besteht, wenn das Kind allein von den Erträgen aus eigenem Vermögen leben könnte. Aber welches Kind kann das schon? Auch nach der Trennung bleiben also beide Eltern unterhaltspflichtig. Während der Elternteil, bei dem das Kind nun lebt, weiter für den oben beschriebenen so genannten Naturalunterhalt aufkommt, leistet der andere Elternteil einen entsprechenden Barunterhalt, gibt also Geld. Darüber, wie hoch dieser Unterhalt auszufallen hat, entbrennt häufig Streit zwischen Getrennten. Entscheidend für die Höhe sind das Einkommen des Unterhaltspflichtigen und das Alter des Kindes. Steht der Unterhalt fest – vor allem bei Selbstständigen gibt es damit oft Probleme –, gilt als Richtlinie für die alten Bundesländer die so genannte Düsseldorfer Tabelle (siehe Seite 61 f.), für die neuen Bundesländer die Berliner Tabelle (siehe Seite 62).

! Die Tabellen haben keinen Gesetzesstatus, sondern stellen – allerdings bundesweit anerkannte – Richtlinien dar, die bei der Festsetzung des Unterhaltsbetrages herangezogen werden.

Das Bundesjustizministerium legt alle zwei Jahre einen neuen Regelbetrag fest, und zwar jeweils zum 1. Juli eines ungeraden Jahres – im Jahr 2005 gab es eine neue Tabelle.

So genannter Regelbetrag

Auf der Basis dieses so genannten Regelbetrages bestimmt die Unterhaltskommission des deutschen Familiengerichtstages die einzelnen Stufen der Düsseldorfer und der Berliner Tabelle. Davon wiederum leitet die Kommission die Selbstbehaltsätze, also das, was derjenige, der Unterhalt zahlen muss, für sich selbst behalten darf, ab.

Tipp

Von der Höhe des Unterhalts kann der Unterhaltszahler in der Regel die Hälfte des Kindergeldes abziehen. Ausnahme: Der Kindesunterhalt beträgt weniger als 135 Prozent des Regelbetrages. Dieser Prozentsatz entspricht dem Existenzminimum für das Kind. Eine Verrechnung darf also nur ab einer Unterhaltsleistung – je nach Altersstufe – von

- 276, 334 bzw. 393 Euro in den alten Bundesländern und
- 254, 308 bzw. 364 Euro in den neuen Bundesländern

vorgenommen werden.

Düsseldorfer Tabelle (ab 1.7.2005)

Nettoeinkommen des Unterhaltspflichtigen (in Euro)		Alterstufen in Jahren (§ 1612a Abs. 3 BGB) / Beträge in Euro			
		0–5	6–11	12–17	ab 18
	bis 1.300	204	247	291	335 (Regelbetrag, 100 %)
1	1.300 – 1.500	219	265	312	359 (107 %)
2	1.500 – 1.700	233	282	332	382 (114 %)
3	1.700 – 1.900	247	299	353	406 (121 %)
4	1.900 – 2.100	262	317	373	429 (128 %)
5	2.100 – 2.300	276	334	393	453 (135 %)
6	2.300 – 2.500	290	351	414	476 (142 %)
7	2.500 – 2.800	306	371	437	503 (150 %)

8	2.800 – 3.200	327	396	466	536 (160 %)
9	3.200 – 3.600	347	420	495	570 (170 %)
10	3.600 – 4.000	368	445	524	603 (180 %)
11	4.000 – 4.400	388	470	553	637 (190 %)
12	4.400 – 4.800	408	494	582	670 (200 %)
13	über 4.800	nach den Umständen des Falles			

Berliner Tabelle

Nettoeinkommen des Unterhaltspflichtigen (in Euro)		Alterstufen in Jahren (§ 1612 a Abs. 3 BGB) / Beträge in Euro		
		0–5	6–11	12–17 (-20*)
a	bis 1.000	188	228	269 (100 %)
b	1.000 – 1.150	196	238	280**

Ab 1.150 Euro wie Düsseldorfer Tabelle, aber ohne 4. Altersstufe

* Von 18 bis Ende 20 muss nur gezahlt werden, wenn Kind noch in der allgemein bildenden Schulausbildung und zu Hause ist.

** die anderen Prozentsätze errechnen sich entsprechend; Beispiel 196 : 188 = 104,2

Monatliche Unterhaltsrichtsätze

Die Tabellen enthalten monatliche Unterhaltsrichtsätze, bezogen auf einen gegenüber einem Ehegatten und zwei Kindern Unterhaltspflichtigen. Bei einer größeren oder geringeren Anzahl Unterhaltsberechtigter sind Ab- oder Zuschläge durch Einstufung in niedrigere bzw. höhere Gruppen angemessen. Dies bedeutet, dass – soweit nur zwei Unterhaltsberechtigte vorhanden sind – der zu zahlende Unterhalt einer Gehaltsstufe höher entnommen, bei vier Unterhaltsberechtigten der zu zahlende Beitrag einer Gehaltsstufe tiefer entnommen werden kann.

! Erhöhungen der Sätze wie dies zum Juli 2005 erfolgte, bedeuten nicht, das Unterhaltsberechtigte automatisch den höheren Satz bekommen. Der jeweilige Elternteil muss sich vielmehr darum kümmern, wenn es im Unterhaltstitel nicht eine entsprechende Festlegung gibt. Eine Erhöhung tritt jeweils zu Beginn des Monats in Kraft, in dem die Zahlung gefordert wurde.

Jeder Unterhaltspflichtige hat einen Anspruch auf den notwendigen Eigenbedarf (Selbstbehalt). **Tipp**

So viel darf jeder für sich behalten

	alte Bundesländer		neue Bundesländer	
Selbstbehalt	erwerbstätig	ohne Arbeit	erwerbstätig	ohne Arbeit
bei minderjährigen Kindern	890	770	775	675
bei volljährigen Kindern	1.100	890	925	825
bei getrennten Ehegatten	890	770	750	650
bei geschiedenen Ehegatten	950	840	880	775
bei nichtehelicher Mutter	1.100	890	925	825
bei Eltern	1.250	1.140	1.155	1.055

Stand: Juli 2005

Die Selbstbehaltssätze führen also dazu, dass Sie unter Umständen weniger Unterhalt bekommen, als sich aus der Düsseldorfer Tabelle ergibt. **!**

In einem Mangelfall, d. h. wenn ein Unterhaltsverpflichteter zu wenig Einkommen hat, um seine Unterhaltspflichten zu erfüllen, findet eine prozentuale Verteilung zwischen Kindes- und Ehegattenunterhalt statt. Wer für sein Kind nicht oder nicht ausreichend Unterhalt bekommt, kann Unterhaltsvorschuss beim Jugendamt beantragen (siehe Kapitel 3).

Vorzug des Unterhaltsberechtigten

Derzeit ist eine größere Unterhaltsreform in der Planung. Zum jetzigen Zeitpunkt ist absehbar, dass der Unterhalt von Kindern zukünftig vorrangig auszugleichen ist. Außerdem wird es einen Vorzug der Unterhaltsberechtigten geben, die Kinder betreuen. Ziel ist es, Kinder von Sozialleistungen unabhängiger zu machen.

Top-Tipps Sonstige Geldquellen

- Müssen Kinder unter 14 Jahren tagsüber betreut werden, weil beide Eltern berufstätig sind, können Eltern nachgewiesene Betreuungskosten bis zu 1.500 Euro jährlich steuerlich absetzen.
- Wer Schulgeld bezahlt, etwa für eine Privatschule, kann 30 Prozent davon als Sonderausgabe in der Steuererklärung geltend machen.
- Neben dem Kinderfreibetrag gibt es einen Erziehungsfreibetrag von 2.160 Euro (für Alleinstehende die Hälfte) für Kinder bis 18 Jahre, abzüglich Kindergeld.
- Wer die Berufsausbildung seines Kindes finanzieren muss, kann unter Umständen einen Ausbildungsfreibetrag von 924 Euro beantragen.
- In die gesetzliche Pflegeversicherung müssen Eltern 0,25 Prozentpunkte weniger einzahlen als Kinderlose.

- Trennen sich Eltern, dann ist in der Regel derjenige dem Kind zum Barunterhalt (Geldzahlung) verpflichtet, bei dem das Kind nicht lebt. Die Höhe des Barunterhalts richtet sich nach Einkommen und nach dem Alter des Kindes und ist in nichtamtlichen Tabellen festgehalten.

Kapitel 5
Finanzielle Vorsorge für Kinder

Den meisten Eltern fällt beim Thema Vorsorge für Kinder als Erstes die Sicherung der Ausbildung ein und natürlich werden Sohn oder Tochter froh sein, während des Studiums oder eines Auslandsaufenthaltes nicht auf jeden Cent schauen oder jobben zu müssen. Doch bis Kinder das Alter für eine Ausbildung erreicht haben, gibt es jede Menge ernsthafter Gefahren, denen sie ausgesetzt sind. Natürlich stellt sich niemand gern vor, was Kinder alles anstellen und was ihnen passieren kann. Und nicht für alles können und müssen Sie als Eltern vorsorgen. Doch einige Risiken sollten Sie unbedingt absichern, wenn Sie Kinder haben.

1. Private Haftpflichtversicherung

Verursacher haften mit gesamtem Vermögen

Nur knapp 70 Prozent der Haushalte in Deutschland besitzen nach Erkenntnissen des Gesamtverbandes der Deutschen Versicherungswirtschaft (GDV) eine private Haftpflichtversicherung. 30 Prozent sind also für den Fall, dass eins der Familienmitglieder einer anderen Person einen Schaden zufügt, nicht abgesichert. Das bedeutet, im Schadenfall haftet der Verursacher mit seinem ganzen Vermögen und unter Umständen lebenslang. Das mag bei einem kleinen Sachschaden problemlos sein. Sind aber Personen beteiligt – verletzt oder im schlimmsten Fall sogar tot –, dann treibt die Haftung dafür Familien unweigerlich in den finanziellen Ruin.

Tipp

Die Privathaftpflicht ist also die wichtigste Versicherung für die Familie. Sie ist jedoch – anders als die Kraftfahrthaftpflicht – gesetzlich nicht vorgeschrieben.

Die private Haftpflichtversicherung gilt für die ganze Familie und sogar für erwachsene Kinder, sofern sie sich noch in der Schul- oder anschließenden Berufsausbildung befinden.

Partner, die unverheiratet zusammenleben, müssen den anderen ausdrücklich mitversichern.

!

Wer schon als Single einen Haftpflichtvertrag hatte und nun Nachwuchs bekommt, sollte seinen Vertrag darauf prüfen, ob Kinder automatisch mitversichert sind – was die Regel ist. Passiert ein Missgeschick – Ihr Kind oder Sie zerbrechen aus Versehen die teure Vase bei Nachbars und ruinieren zusätzlich den wertvollen Teppich oder Sie fahren mit dem Fahrrad einen Passanten um, der ärztlich gepflegt werden muss und Verdienstausfall hat –, dann reicht es, wenn Sie die Schadenmeldung Ihrer Haftpflichtversicherung ausfüllen. Sie prüft, ob die Ansprüche rechtens sind, wehrt unberechtigte Forderungen notfalls vor Gericht ab (Ihnen entstehen keine Anwalts- oder Gerichtskosten) und zahlt, wenn die Forderungen berechtigt sind. Außerdem leistet sie bei Bedarf unter anderem für

Vertrag prüfen

- Reparatur,
- Wiederbeschaffung,
- Schmerzensgeld,
- Heilkosten,
- Verdienstausfall,
- Rente für Geschädigte oder Hinterbliebene.

Vorsätzliche Schäden, Folgen von Straftaten, Selbstschädigung oder Schäden, die Angehörige eines Haushalts untereinander anrichten, werden nicht ersetzt.

!

Der Schutz einer Haftpflichtversicherung gilt weltweit und rund um die Uhr. Allerdings leistet die Versicherung nicht in unbegrenzter Höhe, sondern nur bis zur vereinbarten Versicherungssumme. Für Sach- und Personenschäden zusammen sollten nicht weniger als 3 Millionen Euro im Vertrag stehen. Zweimal im Jahr können Sie Ihren Versicherer bis zu dieser Summe beanspruchen. Allerdings hat er im Schadenfall – nach dessen Abwicklung – ein außerordentliches Kündigungsrecht, so wie Sie als Kunde auch.

Kinder sind erst ab sieben Jahren schuldfähig. Wenn Ihr sechsjähriger Sohn also irgendwo beim Spielen einen

Schuldfähigkeit von Kindern

Hausbrand verursacht, bekommen die Geschädigten unter Umständen gar nichts ersetzt. Jedenfalls nicht von Ihnen. Voraussetzung ist allerdings, dass Sie Ihrer Aufsichtspflicht gegenüber Ihrem Kind nachgekommen sind.

!

Bei einem Schaden müssen Sie nachweisen, dass Sie Ihr Kind seinem Alter entsprechend beaufsichtigt und es entsprechend belehrt haben oder dass sich das Kind unter der Aufsicht eines Lehrers befand.

Wäre der Schaden auch dann entstanden, wenn Sie das Kind beaufsichtigt hätten – wenn es also keinen Zusammenhang zwischen Verletzung der Aufsichtspflicht und Schadenursache gibt –, können Sie nicht haftbar gemacht werden.

Ab dem Alter von sieben Jahren ist die Rechtslage anders: Von sieben bis 18 Jahren werden entweder Eltern oder Kinder haftbar gemacht, wenn das Kind die notwendige Einsichtsfähigkeit besitzt, also voraussehen konnte, was es anrichtet (Deliktsfähigkeit). Konnte das Kind einsehen, dass es so nicht hätte handeln dürfen, dann haftet es selbst. Für die Haftung der Eltern spielt auch hier die Aufsichtspflicht die entscheidende Rolle, wobei die Haftung mit zunehmendem Alter des Kindes natürlich gegen null geht bzw. sich in Belehrungen und Kontrollen erschöpft. Kann Eltern oder Lehrern nichts vorgeworfen werden, haften die Kinder selbst für Schäden, die sie anrichten, wenn sie in dem oben beschriebenen Sinne einsichtsfähig waren.

Tipp

Sind Schäden nicht vorsätzlich herbeigeführt worden, springt auch in diesen Fällen die Privathaftpflicht ein.

Eine Ausnahme bilden Schäden, die Kinder im fließenden Straßenverkehr verursachen. Hier beginnt die Haftung erst mit zehn Jahren, wenn kein Vorsatz erkennbar ist. Fährt also ein Achtjähriger mit seinem Fahrrad zwischen zwei parkenden Autos hervor auf die Straße und verursacht Blech- oder sogar schlimmere Schäden, dann haben er und die Eltern Glück im Unglück: Sie brauchen nicht für den Schaden aufkommen.

Rammt Ihr Kind allerdings mit Inlineskates ein stehendes Auto, dann haftet es auch im Alter von acht Jahren schon. Unter Zehnjährige können zwar die Geschwindigkeit und den Abstand herannahender Autos noch nicht so genau einschätzen wie Erwachsene, das spielt aber natürlich bei parkenden Autos keine Rolle.

!

Jährliche Kosten

Privathaftpflichtversicherungen kosten nicht die Welt. Schon für ca. 50 Euro kann man sich absichern. Hier sind allerdings oft Selbstbehalte zwischen 150 und 250 Euro zu bezahlen. Da solche Bagatellfälle jedoch häufig vorkommen, lohnt sich ein solcher Selbstbehalt im Normalfall nicht. Wer eine solche Police wählt, sichert nur die wirklich Existenz bedrohenden Risiken ab. Die teuersten Versicherungen ohne Selbstbehalt liegen bei 150 Euro – Vergleichen lohnt also. Günstig sind Asstel, Cosmos, Huk-Coburg und die Medien-Versicherung.

Tipp

Mit der Privathaftpflichtversicherung werden zahlreiche Zusatzversicherungen angeboten: Für Mieter kann der Schutz bei verlorenen Schlüsseln von Schließanlagen lohnend sein. Hausbesitzer, die nicht selbst in ihrem Haus wohnen, brauchen eine extra Gebäudehaftpflicht, Betreiber von Öltanks dafür einen Vertrag. Prüfen Sie genau, was Sie brauchen.

2. Unfallversicherungen

Unzureichender Schutz für Kinder

Kinder sind durch die gesetzliche Unfallversicherung finanziell nur unzureichend geschützt, wenn sie bei einem Unfall bleibende Schäden zurückbehalten. Kleine Kinder, die noch nicht zur Schule gehen und keine Einrichtung besuchen, sind über die gesetzliche Unfallversicherung gar nicht versichert. Und auch Kindergarten- und Schulkinder erhalten nur dann etwas, wenn der Unfall auf dem Weg zur oder von der Einrichtung bzw. direkt dort passiert.

!

Die Zahlen sind frustrierend: Bis zum 6. Lebensjahr erhalten Kinder bei 100-prozentiger Invalidität nur 403 Euro Rente, in den neuen Bundesländern sogar nur 338 Euro monatlich. Verliert ein Kind im Vorschulalter einen Daumen und einen halben Zeigefinger, was einer Invalidität von 20 Prozent entspricht, muss es mit 81 bzw. 68 Euro pro Monat auskommen.

Auch bei Jugendlichen bis 18 Jahren deckt die gesetzliche Rente nicht den erhöhten Finanzbedarf, der durch eine Invalidität entsteht: Junge Leute von 14 bis 18 Jahren erhalten in den alten Bundesländern bei Vollinvalidität derzeit 644 Euro, in den neuen Bundesländern 541 Euro. Bei einer – häufiger vorkommenden – 20-prozentigen Behinderung wären nur 129 bzw. 108 Euro fällig.

Freizeitunfälle Der gesamte Bereich von Freizeitunfällen – sofern kein Fremdverschulden mit entsprechenden Schadenersatz-Ansprüchen vorliegt – ist daher nicht abgedeckt. Jungen sind besonders gefährdet. Sie erleiden doppelt so häufig tödliche Unfälle wie Mädchen: Im Jahr 2002 waren es 1.000 Jungen, die an den Folgen eines Unfalls starben. Auch mussten sie deutlich öfter ins Krankenhaus als Mädchen. Und von den insgesamt 287.000 Kindern, die 2002 nach einem Unfall im Krankenhaus behandelt werden mussten, haben rund 4.000 bleibende Schäden zurückbehalten. Im Sportbereich gehören bei Kindern Mannschaftssportarten, vor allem Fußball, zu den Beschäftigungen mit dem höchsten Unfallrisiko. Aber auch Radsportler, Kickbord- und Inlinefahrer, Reiter und Wintersportler erleiden häufig Unfälle.

Tipp Den einzigen Ausweg aus der Misere bietet eine private Unfallversicherung für Ihre Kinder.

Die meisten Eltern denken dabei zuerst an eine klassische Unfallversicherung. Da Kinder jedoch auch infolge von Krankheiten lebenslang auf fremde Hilfe angewiesen sein können, ist eine Versicherung günstiger, die auch bei Invalidität nach schwerer Krankheit zahlt (mehr dazu später). Zahlreiche Versicherer bieten ein solches Produkt bereits an. Gezahlt wird in jedem Fall erst, wenn ein bleibender Schaden entstanden ist. Eine Unfallversicherung greift allerdings schon bei geringen Schäden, anders als die gesetzliche Versicherung, die erst ab 20 Prozent Invalidität zahlt.

Unfallversicherungen für Kinder gibt es bis zum vollendeten 18. Lebensjahr. Kündigen die Eltern dann nicht, läuft der Vertrag zum nahezu doppelt so teuren Erwachsenen-Tarif weiter. Stirbt der Versicherungsnehmer – meist Vater oder Mutter – vor dem 18. Geburtstag des Kindes, läuft die Police bis zu diesem Zeitpunkt beitragsfrei weiter. Die Beiträge sind in der Regel nur halb so hoch wie für Erwachsene, unabhängig davon, ob Sie Ihr Kind als Säugling oder ab dem Alter von 17 Jahren versichern.

Tipp

Entscheidend für die ausreichende Absicherung drohender Invalidität ist die richtige Versicherungssumme. Außerdem sollten Sie auch auf den Versicherungsumfang achten.

Mit einer Versicherungssumme von 100.000 Euro dürften Eltern richtig liegen und damit auch einen Pflegefall einigermaßen verkraften. Preiswerte Anbieter verlangen für die Versicherung eines Kindes weniger als 35 Euro pro Jahr. Tritt innerhalb eines Jahres nach dem Unfall eine Invalidität ein, ist das Kind also körperlich oder geistig dauerhaft geschädigt, bekommen Sie von der Versicherung die vereinbarte Summe – entsprechend dem Grad der Invalidität – ausgezahlt. Ein Arzt muss allerdings vorher die Invalidität feststellen und geltend machen. Wer für besonders schwere Unfälle mit einem hohen Invaliditätsgrad vorbeugen will, kann so genannte Mehrleistungen abschließen. Dann erhöht sich die Auszahlung bei schwerer Invalidität entsprechend der gewählten Progression. Natürlich ist der Beitrag für eine solche Absicherung höher.

Außer der Invalidität können auch andere Bausteine in den Unfall-Vertrag aufgenommen werden, wie beispielsweise eine Todesfallsumme, die ausgezahlt wird, falls das Kind innerhalb eines Jahres an den Unfallfolgen stirbt, oder die Kosten für kosmetische Operationen. Hierfür kommt bei unfallbedingt notwendigen Operationen allerdings schon die Krankenversicherung auf.

Sport außerhalb vom Verein

Unfallversicherungen sind für all die Kinder besonders wichtig, die Sport außerhalb von Vereinen treiben, also mit Freunden Inline skaten, Fußball spielen oder einfach beim

Bauern reiten. Der Grund: Sportvereine schließen für ihre Mitglieder eine eigene Unfallversicherung ab. Hierbei handelt es sich um eine preisgünstige Unfallversicherung, in die alle Mitglieder des Vereins einbezogen sind.

3. Versicherungen im Sportverein

Die Landessportbünde haben es übernommen, für ihre Mitglieder einen Versicherungsschutz beim Vereinssport zu organisieren. Versicherungsschutz besteht für Vereine und deren Mitglieder bei satzungsgemäßer Tätigkeit im Rahmen versicherter Veranstaltungen. Berufssportler und gewerbliches Personal genießen hier keinen Versicherungsschutz. Zu den versicherten Veranstaltungen zählen beispielsweise

Versicherte Veranstaltungen

- Wettkampf und Vereinstraining,
- Mitgliederversammlungen,
- Vorstandssitzungen,
- Lehrgänge und Tagungen,
- Vereinsfeste,
- Ausrichtung von nationalen Meisterschaften.

!

Nicht versichert sind z. B. die private Sportausübung der Mitglieder außerhalb des Vereins und die Durchführung rein kommerzieller Vereinsveranstaltungen.

Der Versicherungsschutz gilt weltweit und umfasst auch die Wege zu und von den versicherten Veranstaltungen. Er umfasst neben der Unfallversicherung auch die Haftpflicht- und die Rechtsschutzversicherung.

Tipp

Besonderheiten im Versicherungsschutz bestehen für »gefährliche« Sportarten wie Luft-, Reit-, Wasser- und Motorsport. Für diese Sportarten sind Zusatzversicherungen erforderlich.

Die Sportversicherung gewährt nur eine Grundabsicherung nach dem Solidaritätsprinzip und entbindet den einzelnen Sportler bzw. die Eltern nicht von der privaten Vorsorge.

4. Risiko-Lebensversicherung für die Eltern

Diese Versicherung gehört zum absoluten Muss für Eltern, da Sie damit die Zukunft Ihrer Kinder für den Fall absichern, dass ein Elternteil oder gar beide Elternteile sterben. Gerade für junge Familien, deren Budget noch nicht allzu groß ist, bietet diese Form der Lebensversicherung ein Höchstmaß an Absicherung. Vor allem dann, wenn Sie ein Darlehen aufgenommen haben, dessen Tilgung beim Tod eines Verdieners den anderen total überfordern würde, ist diese Police Pflicht. Die Beiträge für die Versicherung sind gering. Dafür zahlt diese Versicherung aber auch nur beim Tod des Begünstigten, es gibt also keine Auszahlung nach Ablauf einer vereinbarten Frist, also im so genannten Erlebensfall.

Geringe Beiträge

Drei Formen von Lebensversicherungen

Die klassische Form ist die *Kapital bildende Lebensversicherung*. Sie zahlt sowohl im Todes- als auch im Erlebensfall, also nach Ablauf einer vereinbarten Laufzeit. Neben dem Todesfallrisiko wird hier also auch Kapital angespart. Die Beiträge liegen bis zum Zehnfachen über denen für eine reine Risiko-Absicherung. Der Beitrag ist abhängig von Alter, Geschlecht und Gesundheitszustand.

Die *Risiko-Lebensversicherung* ist ausschließlich dazu da, das Risiko des Todes bis zum Eintritt in die Altersrente oder zum Bezug anderer Mittel zur Altersvorsorge abzusichern und so für Hinterbliebene vorzusorgen. Neben jungen Familien ist sie deshalb vor allem Alleinerziehenden, Menschen mit großen finanziellen Belastungen (Hypothekendarlehen u. Ä.) sowie Selbstständigen am Beginn ihrer Laufbahn dringend anzuraten.

Die dritte Form ist die *Rentenversicherung*, die nur den Erlebensfall absichert. Man spart also praktisch Geld an, das man im Alter ausgezahlt bekommt. Damit handelt es sich eigentlich gar nicht um eine richtige Versicherung, sondern mehr um einen Sparvertrag, der dazu berechtigt, ab einem bestimmten Alter eine monatliche Rente ausgezahlt zu bekommen. Daher der häufig verwendete Name Leibrente. Der Beitrag zur Rentenversicherung liegt deutlich unter dem einer Kapital bildenden Lebensversicherung, da kein Todesfallrisiko abgedeckt werden muss. Auch spielt hier die Gesundheit keine Rolle – wie bei der Kapitallebensversicherung –, da bei einer Rente im Gegenteil eine angegriffene Gesundheit unter Umständen eine kürzere Rentenzahlung bedeutet – ein Vorteil also für die Versicherungsgesellschaft. Besonderheit bei der Riester-Rentenversicherung: Beitragsunterschiede zwischen Männern und Frauen sind seit Anfang 2006 nicht mehr erlaubt, es gibt seitdem so genannte Unisex-Tarife. Im Unterschied zu früher, wo Frauen aufgrund ihrer längeren Lebenserwartung mehr Beitrag für die gleiche Rentensumme einzahlen mussten, gelten jetzt gleiche Tarife für alle, aber nur bei der Riester-Rente, nicht bei traditionellen Rentenversicherungen.

Wichtig bei der Lebensversicherung ist vor allem die Versicherungssumme, die ausgezahlt werden soll. Aber Vorsicht: Eine abgeschlossene Summe von rund 70.000 Euro hört sich zwar hoch an, fällt aber ein Verdiener oder gar der Hauptverdiener für immer aus, dann reicht die Summe hinten und vorn nicht.

Tipp Um Ihren persönlichen Bedarf in etwa zu errechnen, sollten Sie von Ihrem aktuellen Nettoeinkommen ausgehen.

Grob gerechnet sollten Sie laut Rat der Verbraucherzentralen den (ausfallenden) Monatsbedarf mit dem Faktor 240 multiplizieren, um eine ausreichend hohe Versicherungssumme herauszubekommen. Hierbei ist schon berücksichtigt, dass Zahlungen in Form von Witwen- und Waisenrenten beansprucht werden können, die zusätzlich zur Verfügung stehen.

Beispiel Beispiel: Sie verdienen netto 1.900 Euro. Nach der Formel würde die optimale Versicherungssumme 456.000 Euro betragen.

Familien dürften in den meisten Fällen mit einer Versicherungssumme in Höhe von 250.000 Euro richtig liegen.

Tipp

Laufzeit der Versicherung

Ist die Versicherungssumme ermittelt, spielt die Laufzeit eine Rolle. Grundsätzlich sollte die Familie so lange abgesichert werden, bis die Kinder aus dem Haus bzw. mit der Ausbildung fertig sind, die Eltern etwas Vermögen angespart haben und nennenswerte Ansprüche aus der gesetzlichen Rentenversicherung aufgebaut sind. 25 Jahre wird das in der Regel mindestens dauern. Daher wird oft empfohlen, die Lebensversicherung mit einer Laufzeit bis zum 50. oder 55. Lebensjahr, für Sicherheitsbewusste auch bis zum 60. Geburtstag abzuschließen. Ist die finanzielle Absicherung schon früher erreicht, kann jederzeit zum Ablauf eines jeden Versicherungsjahres gekündigt werden.

Tipp

Wer am Beitrag sparen will, sollte sich möglichst für ein Gewinnbeteiligungssystem entscheiden, bei dem Überschüsse gleich mit dem Beitrag verrechnet werden (»Beitragsverrechnung«). Hier bleibt die Versicherungssumme, die im Todesfall ausgezahlt wird, gleich, aber die Beiträge sinken. Ansonsten richtet sich der Preis nach Eintrittsalter und Gesundheitszustand.

!

Die Preisunterschiede sind erheblich, Unterschiede von 400 Prozent für den gleichen Schutz sind durchaus möglich.

Günstig sind Direktversicherer, die sich keinen Außendienst leisten, der ja vom Verkauf der Versicherungen lebt und die Kosten unnötig verteuert. Auf jeden Fall ist ein Vergleich dringend notwendig. Die Kopplung einer Risikolebens- mit einer Berufsunfähigkeitsversicherung ist gerade für junge Eltern die ideale und noch dazu eine preiswerte Absicherung für mehrere Risiken.

Vertiefende Informationen finden Sie in den Ratgebern der Verbraucherzentrale »Der Weg zur Rente« zum Preis von 9,80 Euro und »Private Altersvorsorge« (12,90 Euro), zu bestellen unter www.ratgeber-verbraucherzentrale.de.

5. Gesetzlich oder privat krankenversichern?

Die überwiegende Zahl der Bundesbürger ist gesetzlich krankenversichert. Jeder, der einer versicherungspflichtigen Arbeit nachgeht, also Auszubildende, Angestellte und Arbeiter, die mit ihrem Bruttoverdienst eine jährlich neu festgelegte Grenze nicht überschreiten, sowie Rentner und andere müssen sich gesetzlich krankenversichern.

Tipp

Diese Jahresentgeltgrenze, auch Versicherungspflicht-Grenze genannt, beträgt im Jahr 2006 47.250 Euro bzw. auf den Monat heruntergebrochen 3.937,50 Euro.

> Zur Berechnung des Jahresarbeitsentgelts ist das monatliche Bruttoarbeitsentgelt mit zwölf zu multiplizieren. Hinzuzurechnen sind Einmalzahlungen wie Weihnachtsgeld und Urlaubsgeld sowie Überstundenvergütungen, wenn sie mit einem Pauschalbetrag ständig vergütet werden.

Wer mehr verdient, kann wählen

Nur wer mehr verdient, hat die Wahl, ob er sich privat oder gesetzlich gegen Krankheiten absichern will. Außerdem können Studenten zu Beginn ihres Studiums wählen sowie Beamte, Rentner und Selbstständige, die noch nicht gesetzlich versichert sind. Wer schon privat gegen Krankheit versichert ist, kann es bleiben, wenn sein Bruttoeinkommen 2006 nicht unter 3.562,50 Euro sinkt.

Wer sich weitergehend informieren will, kann die Ratgeber der Verbraucherzentrale »Die private Krankenversicherung« (9,80 Euro) sowie »Gesetzliche Krankenversicherung« (12,90 Euro) zu Rate ziehen, zu bestellen unter www.ratgeber-verbraucherzentrale.de.

5.1 Was gesetzliche und private Krankenversicherung unterscheidet

Der wichtigste Unterschied zwischen gesetzlicher und privater Krankenversicherung besteht darin, dass sich der Beitrag für die gesetzliche Versicherung ausschließlich nach dem Einkommen richtet. Der Gesundheitszustand und das Alter des Versicherten sowie die Tatsache, das jemand verheiratet ist und Kinder hat, spielt – anders in der privaten Versicherung – keine Rolle. Dementsprechend gibt es nur einen Tarif und gleiche Leistungen für alle – egal ob jemand viel verdient und einzahlt oder wenig. Allerdings ist der Beitrag nach oben hin begrenzt: Wer 2006 mehr als 3.562,50 Euro monatlich brutto verdient, braucht nur bis zu diesem Betrag anteilig Beitrag in die gesetzliche Krankenversicherung zu bezahlen (Beitragsbemessungsgrenze). Alles, was er mehr verdient, wird nicht zur »Beitragsbemessung« herangezogen.

Tipp

Kinder und Ehepartner, die selbst nicht in der Krankenkasse pflichtversichert sind, werden kostenlos, also ohne Beitragsaufschlag mitversichert.

Das gilt allerdings nicht für Lebenspartner, die müssen sich in jedem Fall selbst versichern. Bei den Kindern von Lebenspartnern richtet sich die kostenlose Mitversicherung danach, wer den hauptsächlichen Kindesunterhalt bestreitet. Ist es der leibliche Vater oder die leibliche Mutter des Kindes, ist das Kind bei ihm bzw. ihr mitversichert – falls er/sie gesetzlich krankenversichert ist. Wer privatversichert ist, kann wählen, ob er das Kind ebenfalls privat versichert oder freiwillig in einer gesetzlichen Krankenkasse krankenversichert. Was günstig bzw. möglich ist, muss im Einzelfall geprüft werden. Stiefkinder können auch bei der Stiefmutter bzw. dem Stiefvater beitragsfrei mitversichert sein, wenn der Elternteil Mitglied einer gesetzlichen Krankenversicherung ist. Sie sind in dem Fall leiblichen Kindern gleichgestellt.

Krankengeld

Außerdem zahlen die gesetzlichen Kassen Krankengeld nach Beendigung der Lohn- oder Gehaltsfortzahlungen im Krankheitsfall. Zur Finanzierung muss der Versicherte seit Sommer 2005 allerdings einen Zusatzbeitrag von 0,5 Prozent seines Bruttoeinkommens leisten. Versichert sind in den gesetzlichen Kassen die medizinische Grundbetreuung samt Zahnbehandlung und wichtigen Impfungen und Vorsorgeuntersuchungen. Außerdem erfolgt – bis auf Zuzahlungen – volle Kostenübernahme für medizinisch notwendige Behandlungen. Zuzahlungen müssen im Krankenhaus, bei der Kur, beim Physiotherapeuten, beim Zahnersatz, bei Medikamenten und beim Arztbesuch (»Praxisgebühr«) geleistet werden.

Tipp Allerdings hat das Zuzahlen Grenzen. Wer über 2 Prozent seines Bruttoeinkommens – bei schwer chronisch Kranken 1 Prozent – für Zuzahlungen ausgegeben hat, muss darüber hinaus nichts mehr bezahlen. Er kann sich bei seiner Krankenkasse gegen Vorlage der entsprechenden Quittungen von Zuzahlungen befreien lassen.

! Wer chronisch krank ist und daher unter Umständen wenig Einkommen zur Verfügung hat, ist mit den laufenden Zuzahlungen schnell überfordert.

Es besteht die Möglichkeit, sich schon zu Beginn eines Jahres von Zuzahlungen über 1 Prozent befreien zu lassen. Allerdings muss der Eigenanteil dann häufig vorab bei der Kasse eingezahlt werden.

Vorteil Der Vorteil bei der gesetzlichen Versicherung besteht darin, dass Sie beim Arzt nichts bezahlen müssen, da Arzt und Krankenkasse direkt abrechnen (»Sachleistungsprinzip«). Anders bei der privaten Krankenversicherung: Hier legt der Patient den Betrag aus und bekommt ihn gegen Vorlage der Arztrechnung von der Krankenkasse zurückerstattet. Die Privatversicherung kennt keine Zuzahlungen und der Umfang der Leistungen – in der gesetzlichen Krankenversicherung werden sie seit Jahren durch Gesundheitsreformen eingeschränkt – richtet sich ausschließlich nach dem gewählten Tarif. Kunden der privaten Krankenversicherung können also wählen, welche Leistungen sie in Anspruch nehmen wollen.

! Auch in der gesetzlichen Krankenkasse gibt es Beitragsunterschiede, oft von bis zu drei Prozentpunkten, und das, obwohl die Leistungen im Prinzip standardisiert sind. Ein Wechsel – die Kündigungsfrist beträgt zwei Monate – kann daher zu erheblichen Einsparungen führen. Nutzen Sie die

Beitragsvergleiche, wie sie die Verbraucherzentralen anbieten.

Privater Zusatzschutz

Seit einiger Zeit bieten gesetzliche Krankenkassen vermehrt privaten Zusatzschutz an. Das können sie, weil sie Kooperationen mit privaten Krankenversicherern eingehen und deren Produkte zur Zusatzversicherung – für Zahnersatz, Brillen, Kuren, Auslandsreisen u. Ä. – preiswerter als die Anbieter selbst offerieren. Das liegt in erster Linie daran, dass die Provisionen für die Vertreter wegfallen.

Tipp

Es kann also sinnvoll sein, sich über die privaten Angebote seiner Kasse zu informieren. Ob es zu einem Abschluss kommt, richtet sich natürlich nach dem Bedarf – und oft auch nach Alter und Gesundheitszustand.

Private Versicherer fragen vor Abschluss etwa einer Zahnzusatz-Versicherung häufig, ob es schon Zahnersatz gibt – wenn ja, ist der Versicherungsbeitrag höher. Auch ältere Menschen mit einem durchschnittlich größeren Krankheitsrisiko zahlen – grundsätzlich – in der privaten Krankenversicherung höhere Beiträge als Junge und Gesunde.

5.2 Kaum Rückkehrmöglichkeit in die gesetzliche Kasse

Besserverdiener mit einem Einkommen oberhalb der Versicherungspflicht-Grenze, Studenten und Beamte können also entscheiden, ob sie weiter in der gesetzlichen Krankenkasse bleiben oder zur privaten Versicherung wechseln wollen.

!

Die Versicherungspflicht endet nicht automatisch an dem Tag, an dem das Einkommen oberhalb der Pflichtgrenze liegt, sondern erst am Ende des Jahres, in dem das erstmalig der Fall ist, und auch nur dann, wenn es im folgenden Jahr entsprechend hoch bleibt.

Sie müssen aber nicht wechseln, sondern können freiwilliges Mitglied in der gesetzlichen Krankenversicherung bleiben. Vor allem für Familien ist das durchaus sinnvoll, da Kinder hier beitragsfrei mitversichert sind. Anders in der privaten Krankenversicherung: Hier müssen Kinder extra Beitrag zahlen.

Versicherungspflicht-Grenze

Die Versicherungspflicht-Grenze wird ständig angehoben, um möglichst viele Gutverdienende an die Solidargemeinschaft der gesetzlichen Krankenversicherung zu binden.

Tipp

Wenn ein Arbeitnehmer, der sich privat versichert hat, plötzlich rein rechnerisch mit seinem Einkommen wieder unterhalb der Versicherungspflicht-Grenze landet, kann er sich innerhalb von drei Monaten durch die gesetzliche Kasse von der Pflicht befreien lassen (nur auf Antrag!) und in der Privatversicherung bleiben.

Beamte sind nicht in der gesetzlichen Versicherung versichert, sondern bekommen eine so genannte Beihilfe vom Arbeitgeber. Diese deckt nur die Hälfte der tatsächlich anfallenden Kosten ab, so dass Beamte – allerdings zu besonders günstigen Tarifen – zusätzlich privat vorsorgen müssen.

Tipp

Machen Sie sich selbstständig, meldet Ihr Arbeitgeber Sie bei der Krankenkasse ab. Allerdings erlischt die Mitgliedschaft erst dann, wenn Sie Ihren Austritt erklären. Das müssen Sie innerhalb von zwei Wochen tun, nachdem Sie von Ihrer Krankenkasse über das Ende der Versicherungspflicht informiert worden sind. Versäumen Sie dies, sind Sie automatisch freiwillig weiterversichert. Sie haben dann aber immer noch die Möglichkeit, zum Ende des übernächsten Monats zu kündigen.

!

Wer sich einmal für einen Wechsel in die private Krankenversicherung entschieden hat, geht damit meist eine lebenslange Beziehung ein.

Eine Rückkehr in die gesetzliche Krankenkasse ist nur unter ganz bestimmten Voraussetzungen möglich, nämlich nur für

Voraussetzungen für die Rückkehr

- Arbeitnehmer, die mit ihrem Einkommen wieder unter die Versicherungspflicht-Grenze fallen,
- Arbeitslose und ALG-II-Empfänger,

- Selbstständige, die wieder in ein Angestelltenverhältnis wechseln und unter der Versicherungspflicht-Grenze bleiben.

Wer älter als 55 Jahre ist, kann in der Regel überhaupt nicht mehr zurück in die gesetzliche Krankenversicherung.

Der Wechsel in die Privatversicherung sollte also gut überlegt sein. **Tipp**

Nicht nur die zusätzlichen Beiträge für Kinder und nichterwerbstätige Ehepartner können ins Gewicht fallen. Wer in höherem Alter und mit Vorerkrankungen in die private Krankenversicherung wechseln will, muss zudem mit kräftigen Zuschlägen rechnen. Auch die Wahl des richtigen Tarifs ist schwierig, da die Gesellschaften bis zu 30 unterschiedliche Varianten anbieten. Beitragserhöhungen sind die Regel und bei einem Wechsel von einer Versicherung zur nächsten gehen – zumindest nach jetzigem Stand – die angesammelten Altersrückstellungen verloren, die benötigt werden, um die Beiträge im Alter auf erträglichem Niveau zu halten.

Wer sich privat krankenversichert, ist in den ersten drei Monaten nach Vertragsunterzeichnung unversichert und sollte möglichst nicht krank werden. **!**

Wartezeit

Grund: Die meisten Gesellschaften haben eine so genannte Wartezeit von drei Monaten ab Vertragsunterzeichnung, in der der Vertrag noch nicht wirksam ist. Einzige Ausnahmen sind Unfälle und die notwendige Behandlung Neugeborener. Für andere Therapien wie Psychotherapie oder auch für Entbindungen verlängert sich die Wartezeit deutlich.

Sorgen Sie dafür, dass der Übergang von der gesetzlichen in die private Versicherung möglichst nahtlos vonstatten geht. Holen Sie erst mehrere Angebote ein und lassen Sie sich von dem Anbieter Ihrer Wahl eine verbindliche Annahmebestätigung oder den Vertrag schicken, bevor Sie Ihre gesetzliche Versicherung kündigen. Die Kündigung wird dann zum Ende des übernächsten Monats wirksam. **Tipp**

6. Auslandsreise-Krankenversicherung

Wichtig bei Reisen mit Kindern

Die Auslandsreise-Krankenversicherung ist die wichtigste private Zusatzversicherung, vor allem, wenn man mit Kindern reist. Sie ist preiswert und hat dennoch einen hohen Nutzen. Denn die gesetzliche Krankenversicherung zahlt zwar notwendige medizinische Behandlungen in der EU und in Staaten, mit denen Deutschland Sozialversicherungsabkommen geschlossen hat. Aber einen Rücktransport aus dem Ausland nach Hause wegen Krankheit oder Unfall übernimmt sie in keinem Fall. Außerdem verweigern immer mehr Ärzte die Behandlung auf Krankenkarte oder Auslandskrankenschein, Versicherte müssen vielmehr die Behandlung an Ort und Stelle bar bezahlen. Die Kasse erstattet jedoch die Kosten nur in der Höhe, wie sie auch in Deutschland angefallen wären. Dadurch kann es passieren, dass Ihnen ein Teil der Kosten nicht erstattet wird.

Versicherte müssen zunächst zahlen

Wenn Sie eine Auslandsreise-Krankenversicherung abgeschlossen haben, müssen Sie am Urlaubsort zunächst auch bar oder mit der EC-Karte bezahlen (Ausnahme: Bei teurer Klinikbehandlung übernehmen Versicherer nach telefonischer Abstimmung sofort die Kosten). Sie bekommen jedoch zu Hause, nachdem Sie den Schadenfall gemeldet und alle Quittungen Ihrer Krankenversicherung geschickt haben, sämtliche Auslagen ersetzt – bis zu einer vereinbarten Höhe. In der Auslandskrankenversicherung enthalten sind Behandlungskosten, Krankenhausaufenthalt und Arzneikosten. Und natürlich werden Sie nach Hause geflogen, falls es notwendig ist.

Die Police wird immer für ein Jahr abgeschlossen und verlängert sich automatisch, wenn nicht vorher gekündigt wird. Für 5 bis 14 Euro ist der Schutz – abhängig von der Versicherungsgesellschaft und mit leicht differierenden Leistungen – zu haben. Familien können sich zusammen versichern und bezahlen dann unwesentlich mehr. Allerdings erstreckt sich der Schutz meist auf insgesamt 42 Tage im Jahr.

Tipp

Wer längere Zeit unterwegs sein will – etwa als Austausch-Student, Sabbatical-Reisender oder im Auftrag der Firma –, der muss eine Auslandsversicherung abschließen, die eine längere Frist umfasst.

Problem: chronische Krankheiten

Problematisch wird es, wenn Eltern oder Kinder zum Beispiel eine chronische Krankheit haben, etwa Diabetiker sind. Kosten für die Behandlung von Krankheiten, die schon bei Antritt der Reise bestehen, gehören nämlich nicht zum Leistungsumfang der Auslandskrankenversicherung. Selbst dann, wenn vorher nicht absehbar war, dass die Krankheit sich im Urlaub verschlechtern würde, übernimmt die Versicherung die Kosten für derartige Behandlungen in der Regel nicht. Allerdings lohnt es sich immer, trotzdem die Kostenerstattung einzufordern, da es Gerichtsurteile wie das des Oberlandesgerichts Hamm (Az.: 20 U 44/00) gibt, die einem generellen »Urlaubsverbot« chronisch Kranker einen Riegel vorschieben. Hier wollte eine Versicherung einem Chroniker den medizinisch notwendigen Heimtransport aus dem Ausland verweigern – und verlor.

Bekommen Kinder Zahnschmerzen, können Sie natürlich zum Arzt gehen. Sie bekommen die Kosten für schmerzstillende Behandlung und eine einfache Füllung erstattet.

!

Aufwändige Zahnersatz-Behandlungen müssen aber zu Hause erledigt werden! Ebenso wie Vorsorgeuntersuchungen u. ä. vorherplanbare Dinge.

Wer zum Zeitpunkt der Reise schwanger ist oder gerade entbunden hat, muss wissen, dass nur für »die Behandlung von für die Versicherte nicht vorhersehbaren, akut eingetretenen Schwangerschaftskomplikationen einschließlich Frühgeburten vor Beendigung der 32. Schwangerschaftswoche und Fehlgeburten« Versicherungsschutz besteht, wie es in den Allgemeinen Versicherungsbedingungen der Deutschen Krankenversicherung (DKV) heißt. Nach der 32. Schwangerschaftswoche sollte man also besser zu Hause bleiben – nicht nur wegen der Krankenversicherung.

Auch Wochenbetterkrankungen bzw. deren Behandlung muss die Versicherte selbst tragen.

Tipp

Wer gesetzlich krankenversichert ist, rechnet zuerst mit seiner Kasse ab. Die private Zusatzversicherung tritt immer nachrangig ein, übernimmt also gegebenenfalls die Posten, die die Krankenkasse nicht bezahlt.

Sozialversicherungsabkommen

Mit vielen Staaten hat Deutschland so genannte Sozialversicherungsabkommen geschlossen. Dadurch wurden die Voraussetzungen geschaffen, den Krankenversicherungsschutz in diesen Ländern in dem Umfang sicherzustellen, der dem eines dort Versicherten entspricht. Dass Sie zum Teil selbst Kosten tragen müssen, lässt sich dabei dennoch nicht völlig ausschließen. Abkommen gibt es mit allen Ländern des Europäischen Wirtschaftsraums. Außerdem gibt es bilaterale Sozialversicherungsabkommen mit Bosnien-Herzegowina, Serbien und Montenegro, Kroatien, Mazedonien, Türkei und Tunesien. In allen übrigen Ländern, mit denen keine Sozialversicherungsabkommen bestehen – dazu gehört beispielsweise auch der türkische Teil der Insel Zypern –, haben Sie den Status eines Privatpatienten, d. h. wenn Sie Leistungen in Anspruch nehmen, tragen Sie die Kosten selbst. Eine nachträgliche Kostenübernahme durch die Krankenkasse ist nicht möglich. Darum ist es so wichtig, vor dem Reiseantritt in diese Länder eine Auslandsreise-Krankenversicherung abzuschließen!

7. Invaliditätsversicherung für Kinder

Unfallversicherung reicht nicht

Bei den Ausführungen zur Unfallversicherung wurde es schon angedeutet: Eine Unfallversicherung für Ihr Kind federt nicht alle gesundheitlichen Risiken ab, denen es ausgesetzt ist. Denn Unfälle sind nicht die einzige Ursache für Invalidität. Auch schwere Krankheiten wie Hirnhautentzündung oder Kinderlähmung können dazu führen, dass Kinder lange oder sogar ihr ganzes Leben lang auf fremde Hilfe angewiesen sind. Diese Kinder können später womöglich keinem Beruf nachgehen und wären ohne finanzielle Absicherung immer von der finanziellen Unterstützung ihrer Eltern oder des Staates abhängig. Daher sollten Sie darüber nachdenken, ob Sie eine Invaliditätsversicherung statt einer Unfallpolice abschließen und das finanzielle Risiko der Pflege und der optimalen Förderung des Kindes damit sicher im Griff haben. Denn nur ca. 20 Prozent aller Behinderungen bei Kindern sind unfallbedingt. Der Versicherungsgeber zahlt bei der Invaliditätsversicherung ab einem vertraglich festgelegten Invaliditätsgrad (von z. B. 50 Prozent) lebenslange Renten. Die Leistungen sind – und das ist der entscheidende Vorteil – unabhängig davon, ob die Invalidität aus Unfallfolgen oder aus Krankheit resultiert. Die Police sollte eine ausreichend hohe monatliche Rente beinhalten. Mit 1.000 Euro monatlich sind Sie auf der sicheren Seite. Diese Absicherung hat natürlich ihren Preis. Aber Vorsicht: Die preiswerten Versicherungen mit ca. 100 Euro Jahresbeitrag, hat Stiftung Warentest im Jahr 2003 festgestellt, zahlen meist nur eine einmalige Abfindung. Diejenigen, die eine monatliche Rente von 1.000 Euro oft zusätzlich zu einer einmaligen Abfindung zahlen, sind natürlich teurer. Hier müssen Sie mit 300 bis 500 Euro im Jahr rechnen.

Ausreichend hohe monatliche Rente

Wie die Stiftung Warentest im Jahr 2003 ermittelte, bieten die R+V, die Westfälische Provinzial, die Schweizer Nationale und die LVM gute Kinderinvaliditäts-Versicherungen mit Renten- und Kapitalzahlung an. Bei den Angeboten nur mit Rentenzahlung fielen VGH, Victoria und Inter-Versicherung positiv auf, während bei Policen nur mit Kapitalzahlung ausschließlich die DEVK ein gutes Urteil erhielt.

Tipp

Achten Sie auf die Möglichkeit, dass die Versicherung beim Tod des Versorgers bis zum 18. Lebensjahr des Kindes beitragsfrei fortgeführt werden kann.

!

Nur R+V, DEVK, Huk-Coburg und Schweizer National zahlen auch dann, wenn die Behinderung Folge einer angeborenen Krankheit ist, hat die Stiftung Warentest in ihrem 2003er Test festgestellt. Wenn allerdings vor Abschluss des Vertrags, so heißt es weiter, bereits eine Behinderung vorliegt oder eine schwere Krankheit ausgebrochen ist, gibt es auch bei diesen Anbietern keinen Schutz mehr. Schutzlos bleiben Kinder außerdem in den ersten Lebensmonaten. Nur der Deutsche Ring versichert Kinder bereits ab dem Alter von einem halben Jahr. Bei allen anderen Anbietern greift den Schutz erst vom ersten Geburtstag an.

8. Berufsunfähigkeits-Versicherung für Berufsstarter

Was im vorigen Abschnitt für Kinder gesagt wurde, trifft in besonderem Maße auch für junge Leute zu, die ihre ersten Schritte ins Berufsleben machen. Zwar tritt die gesetzliche Unfallversicherung – in bescheidenem Umfang – für die Folgen von Unfällen ein, die während der Arbeit – auch während der Ausbildung – und auf den Wegen dorthin bzw. von dort nach Hause passieren. Auch die Rentenversicherung zahlt eine Erwerbsminderungsrente, falls der Betroffene wegen Unfall oder Krankheit nicht mehr voll oder gar nicht mehr arbeitsfähig ist.

8.1 Gesetzliche Rente eingeschränkt

Einschränkungen

Für die Zahlung einer Erwerbsminderungsrente gelten jedoch erhebliche Einschränkungen. Demnach erhält

- eine Rente wegen teilweiser Erwerbsminderung – exakt die Hälfte der bis dahin erworbenen Rentenansprüche –, wer noch mindestens drei, aber höchstens sechs Stunden täglich arbeiten kann, und
- die volle Erwerbsminderungsrente in Höhe der gesamten bis dahin angesammelten Rentenansprüche, wer wegen Krankheit oder Behinderung nur noch unter drei Stunden arbeiten kann.

! Berufsanfänger haben in der Regel noch gar keine bzw. geringe Rentenansprüche, so dass sie in der Regel, was die Erwerbsminderungsrente betrifft, leer ausgehen.

In dieser Lebensphase ist eine private Berufsunfähigkeits-Versicherung ein absolutes Muss. Eine private Unfallversicherung deckt das Risiko der Invalidität nicht ausreichend ab, da hier nur Behinderungen nach einem Unfall gerechnet werden, nicht aber die nach einer Krankheit. Die Tatsache, dass neun von zehn Frührentnern ihren Job wegen Krankheit und eben nicht wegen eines Unfalls nicht mehr ausüben können, zeigt, wie dringlich der Abschluss einer solchen Versicherung ist.

Tipp

Die BU-Police, wie die Berufsunfähigkeitsversicherung kurz genannt wird, ist im Prinzip für jeden Erwerbstätigen sinnvoll, da man nie weiß, ob und in welcher Lebensphase einem etwas zustößt.

Der durchschnittliche EU-Rentner wird allerdings nicht plötzlich berufsunfähig, sondern sein Leiden verschlimmert sich über Jahre und erreicht im Alter von 50 Jahren den Höhepunkt. Wer dann aus dem Beruf ausscheiden muss, verliert bis zum Rentenbeginn mit 65 durchschnittlich 350.000 Euro an Gehalt. Der Staat springt bestenfalls mit rund 95.000 Euro ein – für den Rest muss jeder selbst vorsorgen.

Erwerbsminderungsrente nicht ausreichend

Es ist davon auszugehen, dass kaum jemand mit einer »vollen«, geschweige denn mit einer halben gesetzlichen Erwerbsminderungsrente auskommt, so dass private Ergänzung immer ratsam ist, um den Lebensstandard einigermaßen halten, laufende Kosten weiter abdecken und zusätzliche Kosten, wie sie nicht selten im Zusammenhang mit Behinderungen auftreten, bestreiten zu können.

8.2 Berufsstart absichern

Berufsunfähigkeit

Sobald Kinder also mit der Lehre beginnen oder ein Studium aufnehmen, können und sollten Eltern für sie eine BU-Versicherung abschließen. Passiert das, was niemand voraussehen und sich auch niemand vorstellen kann, und der Jugendliche wird berufsunfähig, dann springt spätestens nach einem halben Jahr und bei voraussichtlicher dauerhafter Behinderung oder Krankheit ab dem siebten Monat die Versicherung ein und zahlt die vereinbarte Monatsrente. Berufsunfähigkeit liegt vor, wenn der Betroffene zu mindestens 50 Prozent in seiner Erwerbsfähigkeit gemindert ist. Auch der Pflegefall ist abgesichert: Wer ein halbes Jahr lang gepflegt wurde und bei dem das auch weiterhin nötig ist, der hat Anspruch auf die vereinbarte Rente. Die Versicherung zahlt so lange, bis der Kranke wieder arbeiten kann oder aber der Versicherungsvertrag ausläuft.

Tipp

Ab dem Zeitpunkt, zu dem der Versicherer die Berufsunfähigkeit anerkennt, brauchen keine Beiträge mehr gezahlt werden. Vorteil: Das gilt auch für die Lebensversicherung, die gleichzeitig und in Kombination mit der BU-Versicherung abgeschlossen wird. Damit entfällt ein erheblicher Kostenfaktor.

8.3 Was die Versicherungen leisten

Selbstständiger Vertrag oder Zusatz

Eine BU-Versicherung kann als selbstständiger Vertrag abgeschlossen oder als so genannter Berufsunfähigkeits-Zusatz (BUZ) zusammen mit einer Risiko- oder Kapitallebensversicherung gekauft werden. Leistungen und Preise differieren erheblich (siehe nachfolgende Übersicht).

Das leisten und kosten BU-Versicherungen

- Selbstständiger BU-Vertrag: Nur die Berufsunfähigkeit ist versichert. Der Vertrag eignet sich vor allem für Singles, die niemanden absichern müssen. Ein 30-jähriger Mann zahlt für eine Monatsrente von 1.000 Euro einen Jahresbeitrag von rund 300 bis 500 Euro.
- Risikolebensversicherung mit BU-Zusatz: Abgesichert sind hier die eigene Invalidität und die Hinterbliebenen beim Tod des Versicherten. Die Kosten für eine Monatsrente von 1.000 Euro liegen bei 450 bis 600 Euro pro Jahr.
- Kapitallebensversicherung mit BUZ: Sie deckt dasselbe Risiko wie die Risikolebensversicherung mit BUZ ab, spart aber zugleich ein Kapital fürs Alter an. Daher ist diese Form die teuerste: Zwischen 1.500

und 1.800 Euro pro Jahr muss ein heute 30-Jähriger zahlen, wenn er im Fall einer Berufsunfähigkeit 1.000 Euro monatlich erhalten will. Wird statt der Lebens- eine Rentenversicherung als Basis gewählt, verschiebt sich der Hinterbliebenenschutz zugunsten der eigenen Altersvorsorge.

Die im Beispiel genannten 1.000 Euro Monatsrente sind der Mindestbetrag, den Sie abschließen sollten, damit der Alltag im Falle einer Berufsunfähigkeit einigermaßen erträglich gestaltet werden kann.

Tipp

Am günstigsten ist es, Kinder schon als Schüler zu versichern, weil sie damit in die günstigste Berufsgruppe eingestuft werden und den geringsten Beitrag zahlen müssen. Daran ändert sich bei einigen Versicherern auch später im Berufsleben nichts. Das ist der Fall etwa bei Dialog, WWK, Lebensversicherung von 1871 und VHV Vereinigte Hannoversche Versicherung. Achten Sie in jedem Fall auf Klauseln im Kleingedruckten, die eventuell Einschränkungen beinhalten.

Auch Frauen, die – etwa wegen kleiner Kinder – vorübergehend aus dem Job ausscheiden, können sich gegen Berufsunfähigkeit versichern. Sie werden in der Berufsgruppe geführt, in der sie vor ihrer Pause tätig waren. Dauert die Pause zu lange, werden sie für die Versicherer zu Hausfrauen, was mit erheblichen Aufschlägen im Beitrag verbunden ist.

!

Achten Sie unbedingt darauf, dass die Monatsrente mindestens 1.000 Euro beträgt, da einige Versicherer die Höhe gern auf 750 oder sogar auf 500 Euro begrenzen.

Dieser begrenzte Betrag würde aber für den Fall, dass eine Mutter dauerhaft ausfällt und Ersatz für die Betreuung von Kindern und für den Haushalt gefunden werden muss, keinesfalls ausreichen.

8.4 Kostenfaktoren in der Berufsunfähigkeits-Versicherung

Einteilung in Berufsgruppen

Da das Risiko, berufsunfähig zu werden, entscheidend davon abhängt, welchen Beruf der Versicherte ausübt, teilen die Versicherer ihre Kunden Berufsgruppen zu, die unterschiedlich hohe Beiträge zahlen müssen. Wer einer körperlich anstrengenden oder monotonen Beschäftigung nachgeht, so meinen Versicherer, gerät eher in Gefahr, berufsunfähig zu werden als etwa Büroangestellte, Richter, Staatsanwälte oder Ingenieure. Auch Apotheker, Abgeordnete und Ärzte arbeiten demnach vergleichsweise ungefährlich. Handwerker müssen dagegen mit zum Teil drastischen Aufschlägen rechnen, ebenso Bauarbeiter, Krankenschwestern, Gastwirte, Künstler und Kriminalbeamte.

Aufschlag für Handwerker

> Diese vier Berufsgruppen sind üblich (die Einteilung variiert von Versicherungsgesellschaft zu Versicherungsgesellschaft)
>
> - Gruppe 1: Akademiker
> - Gruppe 2: kaufmännische Berufe
> - Gruppe 3: Handwerker
> - Gruppe 4: schwer körperliche oder gefährliche Tätigkeiten wie Dachdecker, Friseure (Allergien!), Malermeister

Hinzu kommt, dass bei bestimmten Berufen das Alter, bis zu dem es BU-Leistungen gibt, begrenzt ist, weil sich danach das Risiko dramatisch erhöht. Mancher bekommt auch bei leichten Vorerkrankungen gar keinen Schutz.

! Dann wird gern von den Versicherern eine abgespeckte Form, die so genannte Erwerbsunfähigkeits-Versicherung (EU-Versicherung) angeboten. Die ist aber keine echte Alternative oder nur im äußersten Notfall!

Mit einer Erwerbsunfähigkeits-Versicherung ist jedoch nur der schlimmste Fall abgesichert – nämlich die 100-prozentige Invalidität und Arbeitsunfähigkeit. Die BU-Versicherung dagegen zahlt, sofern Sie die zu empfehlende Pauschalregelung abgeschlossen haben, schon ab 50 Prozent. Vorher gibt es nur etwas, wenn man einen Staffelvertrag abschließt, der bei mehr als 25 Prozent Invalidität eine anteilige und erst ab 75 Prozent die volle Rente zahlt.

Tipp

Ein Staffelvertrag ist günstig bei schleichenden Krankheiten, da schon frühzeitig Geld fließt. Für risikoreiche oder hoch spezialisierte Berufe eignet sich dagegen die pauschale Form, bei der ab 50 Prozent volle Rente gezahlt wird.

Eintrittsalter

Außer vom Beruf hängt der Preis einer BU-Versicherung auch vom Eintrittsalter ab, von der Vertragsdauer und vom Gesundheitszustand. Achten Sie darauf, dass Sie einen Vertrag wählen, bei dem im Antrag bei den Gesundheitsfragen vor allem im ambulanten Bereich maximal die letzten fünf Jahre berücksichtigt werden und nicht Ihre gesamte Krankengeschichte bis ins Detail abgefragt wird.

8.5 Was es mit der Verweisung auf sich hat

Der größte Pferdefuß bei BU-Verträgen sind Klauseln, die Kunden im Schadenfall an andere Tätigkeiten als den erlernten oder ausgeübten Beruf »verweisen«, damit der Versicherer nicht zahlen muss.

!

Das Gefährliche an derartigen Klauseln ist die Tatsache, dass für den Beruf, auf den verwiesen wird, gar kein Stellenangebot vorhanden sein muss. Es reicht, wenn es den Beruf theoretisch gibt. Der tatsächliche Arbeitsmarkt spielt keine Rolle. Entweder es wird auf »Ausbildung und Erfahrungen« verwiesen oder auf »Kenntnisse und Fähigkeiten« – und schon ist ein Beruf gefunden, in dem Sie – auf dem Papier – arbeiten können! Ein Akademiker könnte demnach als Pförtner arbeiten – und keinen Cent von seiner Versicherung erhalten. Dabei hat der Bundesgerichtshof bereits 1994 entschieden, dass sich die Berufsunfähigkeit nach dem zuletzt ausgeübten Beruf richtet – der erlernte oder seit Jahren nicht mehr ausgeübte Beruf spielt also

Urteil des Bundesgerichtshofes

keine Rolle. Daher verzichten immer mehr Versicherer auf die Verweis-Klausel und zahlen, wenn Sie mindestens ein halbes Jahr nicht imstande sind, Ihren Beruf auszuüben, und auch sonst keiner Tätigkeit nachgehen, die Ihrer bisherigen Tätigkeit entspricht.

! Dennoch könnte es passieren, dass die Versicherungsgesellschaft bei der regelmäßigen Überprüfung der Berufsunfähigkeit feststellt, dass der Kunde durch eine Umschulung in die Lage versetzt werden könnte, wieder arbeiten gehen zu können.

Ursprüngliche Qualifikation entscheidend

Zum Glück hat der Bundesgerichtshof auch hier in einem konkreten Fall zugunsten des Versicherten entschieden (Az: IV ZR 155/98): Ein BU-Rentenempfänger hatte durch Weiterbildung versucht, sich für einen anderen Beruf zu qualifizieren, konnte dann aber aufgrund seines gleich bleibenden Gesundheitszustandes und der Arbeitsmarktlage trotzdem keine Stelle finden. Daraufhin wollte die Versicherung nicht mehr zahlen. Die Bundesrichter sprachen ihm jedoch weiterhin Berufsunfähigkeitsrente zu. Bei der Verweisung auf einen neuen Job, so urteilte auch das Kölner Oberlandesgericht (Az: 5 U 87/99), dürfe keinesfalls die neu erworbene Qualifikation zugrunde gelegt werden, sondern immer die, die zum Zeitpunkt der Berufsunfähigkeit vorlag.

Tipp Wer älter als 55 ist, muss bei den meisten Versicherern nicht mehr mit der Verweisung auf einen anderen Job rechnen.

Ansonsten müssen Sie, falls Sie sich mit einer Verweisung nicht abfinden wollen, Ihre Versicherung verklagen. Ein Branchen-Marktbeobachtungsdienst mit Namen »map-report« fand heraus, dass die Unternehmen Generali, Vereinigte Post, Provinzial Rheinland und Volkswohlbund besonders gern streiten, Allianz, Hamburg-Mannheimer sowie R+V dagegen nur selten.

Vorabberatung

Lassen Sie sich im Zweifel von Ihrer Verbraucherzentrale in derartigen Versicherungsfragen vorab beraten. Das kann erheblich Geld, Zeit und Nerven sparen.

Zum Thema Berufsunfähigkeit empfiehlt sich auch der Ratgeber der Verbraucherzentrale »Berufsunfähigkeit gezielt absichern«, der zum Preis von 12,90 Euro auf www.ratgeber-verbraucherzentrale.de zu bestellen ist.

Außerdem gibt es zum Thema Versicherungen den neuen Ratgeber der Verbraucherzentrale »Richtig gut versichert« (12,90 Euro), zu bestellen auf www.ratgeber-verbraucher zentrale.de.

9. Vorsorge für die Ausbildung: Welche Geldanlage günstig ist

Ausbildungsversicherung

Wenn das Stichwort Ausbildungsvorsorge fällt, denken die meisten Eltern automatisch an eine so genannte Ausbildungsversicherung. Hier, so werben die Versicherer, wird nicht nur Geld für die teure Ausbildung der Kinder angespart, sondern im Falle des Todes des Versicherten – meist eines Elternteils – übernimmt der Versicherer die Beiträge. Diese Policen haben oft niedlich klingende Namen wie »Biene Maja Schutzbrief«, »Teddy«, Moneymaxx« oder »Kinderplan Vorsorge«. Es handelt sich dabei jedoch um ganz gewöhnliche Lebensversicherungen mit geringen Renditen. Oft bleibt unterm Strich nämlich nur die garantierte Rendite von unter 1 Prozent. Grund ist unter anderem, dass nur ein bestimmter Sparanteil, dessen Höhe die Versicherer jedoch nicht angeben, wirklich verzinst wird, und die Höhe der Überschussbeteiligung bleibt völlig im Dunkeln.

!

Wer schon eine solche Police abgeschlossen hat, sollte sie unter keinen Umständen kündigen. Dabei kann man – vor allem in den ersten Jahren – nur Verluste erzielen, da die so genannten Rückkaufswerte, also das, was man bei der Kündigung ausgezahlt bekommt, oft nicht einmal der Sparleistung entspricht. Der Grund dafür ist, dass in der ersten Zeit die Kosten – vor allem die Provision für den Versicherungsverkäufer – das Kapital aufzehren.

Mindestrückkaufwerte

Allerdings sind die Versicherer durch mehrere höchstrichterliche Urteile angehalten, Mindestrückkaufwerte auch in den ersten Jahren zu garantieren. Zu welcher Regelung der Gesetzgeber hier kommt, war zu Redaktionsschluss allerdings noch nicht zu erfahren.

Tipp

Aus diesem Grund empfehlen Verbraucherschützer, bei der Ausbildungsvorsorge das Ansparen von Kapital von der Risikoabsicherung zu trennen.

Als Risikoabsicherung sollten Eltern – wie schon weiter vorn beschrieben – für sich selbst Risikolebensversicherungen abschließen. Im Todesfall ist die Familie damit abgesichert. Für die Geldanlage stehen dagegen einige Varianten zur Auswahl, die im Folgenden vorgestellt werden.

9.1 Bundesschatzbriefe

Sichere Anlageform

Bundespapiere gehören zu den sicheren Anlageformen und bieten solide Werte: Der Zins ist garantiert und die Kursrisiken beschränkt. Dies macht sie attraktiv – nicht zuletzt für ein langfristiges Anlageziel wie die Absicherung der Ausbildung. Neben der Verzinsung garantieren staatliche Anlageformen hohe Wertbeständigkeit – das Verlustrisiko liegt nahe null.

Günstig für junge Eltern: Bei Schatzbriefen können Sparer bereits mit geringen Beträgen ab etwa 50 Euro einsteigen. Schatzbriefe sind also gerade für Kleinanleger interessant.

Tipp

Banken, Sparkassen und Landeszentralbanken (LZB) verkaufen Bundespapiere auf Nachfrage spesenfrei – das stärkt die Renditen noch einmal um ein paar Zehntel.

Der Bund bietet viele Varianten für kurz- und langfristig orientierte Anleger – mit Laufzeiten von einigen Monaten bis zu mehreren Jahren. Bundesanleihen gibt es sogar mit 30-Jahres-Fristen. Die Bundeswertpapierverwaltung (BWpV) ermöglicht sogar eine kostenlose Depotverwaltung für diese Papiere.

Was Bundeswertpapiere auszeichnet

- Bundeswertpapiere besitzen eine feste Verzinsung mit jährlicher Zinszahlung (Ausnahmen: Bundesschatzbriefe Typ B und Finanzierungsschätze).
- Die Laufzeiten sind fest, vorzeitige Kündigungen sind nicht möglich.
- Damit spezielle Investoren-Interessen bedient werden können, unterscheiden sich die einzelnen Anlagearten u. a. bei der Laufzeit, der Höhe der Mindestanlage, der Zinszahlungs-Methode sowie der Möglichkeit, vorzeitig über Kapital zu verfügen.

!

Bei Bundesschatzbriefen Typ A werden Zinsen jährlich ausgeschüttet. Dagegen werden sie beim Typ B erst im letzten Jahr fällig. Sie sind dann voll steuerpflichtig. Dafür ist die Rendite beim Typ B etwas höher. Typ B hat zwar die höhere Vor-Steuer-Rendite gegenüber Typ A, das kann sich jedoch bei einer Nach-Steuer-Betrachtung ändern. Solange der Steuer-Freibetrag nicht ausgeschöpft ist, gibt es keine Nachteile. Wird der Freibetrag jedoch überschritten, kann die Nach-Steuer-Rendite bei Typ B schlechter sein als bei Typ A.

Konditionen überall gleich

Bundesschatzbriefe sind Anlegern zu empfehlen, die auf Nummer sicher gehen wollen und eine angemessene Verzinsung ihres Kapitals erwarten – denn mehr als beim Sparbuch ist allemal drin. Mit »Bundesschätzchen« liegt auch derjenige richtig, der keine langwierigen Produkt-Vergleiche unter verschiedenen Anbietern anstellen mag, denn die Konditionen sind bei allen Banken, Sparkassen oder Landeszentralbanken gleich.

!

Wird der Sparerfreibetrag (bisher: 1.421 Euro pro Person für Kapitalerträge) abgesenkt – etwa auf 750 Euro –, muss der Sparer zum Beispiel bei Bundesschatzbriefen Typ B bei Anlagebeträgen von etwa 4.000 Euro damit rechnen, am Ende für einen Teil seiner Zinsen Einkommensteuer zahlen zu müssen, auch dann, wenn es die einzigen Ersparnisse sind, der Sparerfreibetrag also nicht ausgeschöpft ist.

Daher könnten Anlageformen mit jährlicher Zinsausschüttung – wie der Typ A – steuerlich gesehen günstiger sein.

Laufzeit für Bundesschatzbriefe

Bundesschatzbriefe laufen über sechs (A) bzw. sieben Jahre. Der Anleger ist aber nicht gezwungen, sich für die gesamte Laufzeit festzulegen. Nach einer anfänglichen Kündigungssperrfrist von einem Jahr können im Abstand von 30 Zinstagen bis zu 5.000 Euro zurückgegeben werden, ohne dass damit Kosten verbunden sind oder Kursverluste drohen. Ehepartner, die ihr Geld auf zwei Konten verteilen, kommen auf den doppelten Betrag.

Tipp

Wenn es sich nicht um sehr hohe Summen handelt, können Anleger somit nach Ablauf des ersten Jahres jederzeit auf einen eventuellen Zinsanstieg reagieren. Gibt es am Markt bessere Konditionen, wird umgeschichtet. Wenn nicht, wird die Anlage mit steigendem Zins fortgesetzt.

Eigene Produkte der Banken

Diese relativ große Flexibilität, die uneingeschränkte Sicherheit und die verhältnismäßig guten Konditionen haben den Bundesschatzbrief viele Jahre lang zu einer attraktiven Geldanlage gemacht. Derzeit ist er aber nicht unbedingt erste Wahl, denn eine Reihe von Banken hat das Prinzip des Bundesschatzbriefes mit eigenen Produkten übernommen und einige bieten dabei deutlich günstigere Zinskonditionen. Der Bundesschatzbrief wirft momentan im ersten Jahr 2 Prozent Zinsen ab und erreicht nach einer Laufzeit von sechs Jahren eine Rendite von 3,36 Prozent. Beim besten privaten Konkurrenten werden demgegenüber im ersten Jahr 2,5 Prozent gezahlt und die Rendite liegt nach sechs Jahren bei 4 Prozent. Mit einem solchen Produkt kann der Anleger also im ersten Jahr eine Verzinsung erreichen, die der eines guten Tagesgeldkontos entspricht und nach sechs Jahren eine Rendite, wie sie sonst nur mit nicht kündbaren Festanlagen möglich ist.

9.2 Banksparplan

Ratensparen

Banksparpläne – auch Ratensparen genannt – sind ebenfalls sichere Produkte und für Sie als Anleger sehr bequem. Sie zahlen monatlich eine vereinbarte Summe ein, am besten per Dauerauftrag. Wer von vornherein weiß, dass er in den nächsten fünf oder zehn Jahren nicht an das Geld heran will oder muss, der kann einen Banksparplan mit fester Laufzeit nehmen. Von Vorteil sind Pläne, bei denen Zinshöhe und Auszahlungsbetrag feststehen, so dass Ihr Kind mit einer festen Summe rechnen kann.

Oft werden aber Produkte mit variablem Zins angeboten, bei denen die Zinsberechnung nicht der einschlägigen Rechtsprechung des Bundesgerichtshofs entspricht.

Tipp

Nutzen Sie im Zweifel das Angebot der Verbraucherzentralen zur Berechnung der tatsächlich geschuldeten Zinsen.

Nachteil von Banksparplänen

Ein weiterer Nachteil von Banksparplänen besteht darin, dass Sie nicht vor der Zeit über das Geld verfügen können. Dagegen kommen Sie an Sparpläne mit flexibler Kündigungsmöglichkeit jederzeit heran. In beiden Fällen sind die Zinsen aber eher mager: Schlechte Anbieter, so hat Stiftung Warentest kürzlich festgestellt, bleiben unter zwei Prozent. Die Banken locken hier allerdings mit Prämien, Zuschlägen und Bonifikationen.

!

Lassen Sie sich davon nicht blenden. Ein 50-prozentiger Bonus kann beispielsweise bedeuten, dass statt 2 nun 3 Prozent Zinsen gezahlt werden. Fragen Sie auch nach, ob Sie verlustfrei die Raten verändern können.

Auch Angebote mit variablen Zinsen können durchaus interessant sein, wenn zu Beginn ein im Vergleich zum aktuellen Zinsniveau hoher Zins vereinbart wird.

Lassen Sie sich von der Bank genau ausrechnen, was am Ende an Kapital herauskommt. Bei variablen Zinsen können Sie nach Ansicht der Stiftung Warentest den aktuellen Zins als Rechengröße nehmen.

9.3 Bausparen

Anspar- und Darlehensphase

So langweilig, wie das Bausparen immer dargestellt wird, ist es gar nicht. Auch wer kein Haus bauen bzw. kaufen will, kann damit sicher Geld ansparen. Denn das Bauspardarlehen braucht man sich nicht auszahlen lassen. Das

Bausparen besteht im Prinzip aus zwei Etappen: der Ansparphase, in der Guthaben aufgebaut wird, und aus der Darlehensphase, in der das eigentliche Baudarlehen ausgezahlt wird. Ist das Sparziel, das Sie selbst festlegen können, erreicht, wird das Baudarlehen »zugeteilt«. Die Bausparsumme besteht aus Ihrem Guthaben plus Zinsen und dem Darlehen. Der größte Vorteil des Bausparens ist, dass es staatlich mit Zulagen gefördert wird. Zum einen gibt es eine Wohnungsbauprämie, zum anderen kann man mit Hilfe eines Bausparvertrags vermögenswirksame Leistungen aufbauen – und damit die Arbeitnehmersparzulage kassieren.

! Auf jeden Fall muss für die Zulage die gesetzliche Sperrfrist von sieben Jahren ab Vertragsabschluss beachtet werden.

Minimum: 7 Jahre

Wer innerhalb der Frist von sieben Jahren auf sein Guthaben aus dem Bausparvertrag zugreift, verliert sämtliche vom Staat gezahlten Prämien und Zulagen. Einzige Ausnahme: Sie benötigen das Geld für so genannte wohnwirtschaftliche Zwecke. Darunter sind alle Investitionen zu verstehen, die mit Wohnung und Haus im erweiterten Sinne zu tun haben. Die Finanzierung einer Ausbildung gehört aber nicht dazu.

Das Bausparen lohnt also nur, wenn Sie mindestens sieben Jahre Zeit haben, bevor Ihr Kind mit seiner Ausbildung beginnt und das Geld benötigt. Sie sollten also zeitig genug damit anfangen.

Tipp Wer auf das Bauspardarlehen verzichtet, wird sogar belohnt, indem die Zinsen für das Guthaben nachträglich um gegenwärtig 1 bis 2,7 Prozent pro Jahr aufgestockt werden.

Die eigentlichen Zinsen beim Bausparen sind eher mager. Die meisten Bausparkassen, hat Stiftung Warentest festgestellt, zahlen im Augenblick nur 1,5 bis 2 Prozent. Zieht man die Abschluss- und Kontogebühren ab, erreicht man oft kaum 1 Prozent.

Bei den besten Bausparkassen kommt man jedoch auf rund 3,5 Prozent Rendite. Zusammen mit den Zulagen – vorausgesetzt man verdient nicht zu viel und hat Anspruch darauf – sind also rund 5 Prozent erreichbar. Verglichen mit anderen Sparformen – bei Banksparplänen steht häufig nur eine Drei vor dem Komma – ist das gar nicht so schlecht. Zwar bieten die meisten Bausparkassen nicht mehr wie früher lukrative Konditionen für Nur-Sparer, dennoch kann es sich lohnen. Vorausgesetzt, man setzt die Summe nicht zu hoch an (damit der Vertrag nach sieben Jahren auch wirklich zuteilungsreif ist) und wählt einen Tarif aus, der auf maximale Rendite ausgelegt ist. Die Auswahl ist aber gering; zumindest haben sich am Test von »Finanztest«, Ausgabe 12/2005, nur ganze drei Bausparkassen beteiligt: die HUK-Coburg, Wüstenrot und BHW. **Zulagen**

Ein Vorteil dieser Sparform ist ihre relative Flexibilität. Sie können Sonderzahlungen leisten oder auch mal ganz mit dem Sparen aussetzen – ganz wie es Ihrer finanziellen Situation entspricht.

9.4 Fondssparen

Wer sein Geld in einen Fonds investieren will, hat die Qual der Wahl: Mehr als 5.000 zugelassene Fonds stehen dem Anleger in Deutschland zur Verfügung, weltweit sind es sogar über 30.000. Investoren, die auf schnelle Geldvermehrung aus sind, kommen mit Investmentfonds ebenso auf ihre Kosten wie Sparer, die hohen Wert auf Sicherheit legen. Aber traumhafte Renditen ganz ohne Risiko kann auch der beste Fonds nicht garantieren.

Familien, denen die Sicherheit Ihrer Geldanlage und weniger die Rendite wichtig ist, sind mit einem Rentenfonds am besten bedient. Hier ein kurzer Überblick über die verschiedenen Fondsarten, die es am Markt gibt:

- Rentenfonds: Die größte Sicherheit bieten Rentenfonds. Sie investieren in festverzinsliche Wertpapiere, also in Anleihen, die vom Staat oder von Unternehmen heraus- **Rentenfonds** gegeben werden. Diese Rentenpapiere werden zu einem festen oder variablen Satz verzinst.

! Aber Vorsicht: Auch unter den Rentenfonds gibt es spekulativere Varianten, etwa wenn der Fonds in Staatsanleihen von Ländern investiert, die an der Grenze der Zahlungsfähigkeit stehen.

In der Regel ist Geld in einem Rentenfonds aber sicher angelegt. Bei einer Laufzeit von zehn Jahren kann man bei einem deutschen Rentenfonds mit einer Rendite von bis zu 7 Prozent pro Jahr rechnen.

Die Besten Zu den besten Fonds zählen nach Erkenntnissen der Stiftung Warentest (Stand Oktober 2005) Raiffeisen-Euro-Rent A, dit-Allianz Rentenfonds, S-BayRent Deka, Kepler Vorsorge Renten A, Citigroup Euroland Staatsanleihen, Spängler Spartrust MT, UbiEuroRenta, Activest EuroRent Flex D, Volksbank-Rent (VKAG) sowie DWS ZI Renten Euroland.

Geldmarktfonds

- Geldmarktfonds stellen eine spezifische Art der Investmentfonds dar, die entgegengenommene Gelder in (möglichst hochverzinsliche) kurzfristige Geldmarkttitel investieren. Im Vordergrund steht die Maximierung der Zinserträge bei geringstmöglichem Kapitalrisiko und garantiert hoher Liquidität. Entsprechend den jeweiligen Anlagegrundsätzen können Geldmarktfonds ihr Sondervermögen bis zu 100 Prozent in Geldmarktpapiere investieren. Geldmarktpapiere sind verzinsliche Wertpapiere wie Schuldscheindarlehen oder Bankguthaben. Die für den Fonds erworbenen Bankguthaben bzw. Geldmarkttitel dürfen maximal eine (Rest-) Laufzeit von 12 Monaten haben.

! Ein Nachteil von Geldmarktfonds (das trifft auch auf Tagesgeld zu, siehe unten) ist, dass Sie nicht mit festen Renditen rechnen können. Daher sollten Sie hier nur dann viel Geld anlegen, wenn Sie es zwischenzeitlich nicht brauchen. Mit Rentenfonds sind vorsorgende Eltern wahrscheinlich besser beraten – sie bringen zurzeit auch etwas mehr.

Als zehn beste Geldmarktfonds – alle Fonds haben die sicherste Chance-Risiko-Klasse 1, sind mindestens drei Jahre alt und ohne Ausgabeaufschlag erhältlich – hat Stiftung Warentest im Mai 2005 folgende ausgemacht: Activest Euro-Geldmarkt Plus, HSBC Trinkaus Euro-Geldmarkt Inka, SEB Invest Moneymarket, AM Generali Geldmarkt Euro, Citigroup Euroland Geldmarkt, DWS Geldmarkt Plus, DWS Vario Rent, DZ Int. Cash Euro (IPC), UniMoneymarket: Euro sowie DWS Geldmarktfonds.

Aktienfonds

- Aktienfonds: Gute Renditechancen bieten nach wie vor Aktienfonds, also Investmentfonds, die hauptsächlich in Aktien investieren. Hier braucht man allerdings etwas stärkere Nerven, denn Aktienfonds sind mitunter erheblichen Kursschwankungen unterworfen. Vor Rückschlägen an den Aktienmärkten sind selbst professionelle Fondsmanager nicht geschützt. In der Regel zahlt sich die Risikobereitschaft der Anleger aber aus: Die Rendite von guten Aktienfonds liegt bei mindestens 10 Prozent im Jahr, häufig sogar darüber.

Tipp

Fonds, die nur in eine bestimmte Branche, zum Beispiel in Biotechnologie oder Telekommunikation investieren, nennt man Themenfonds. Mit ihnen kann man zwar hohe Gewinne, aber auch extreme Verluste einfahren, deshalb sollten Themenfonds nie mehr als 20 Prozent der Gesamtanlage ausmachen.

Empfehlenswerte Aktienfonds verschiedener Kategorien

Fonds	Kategorie	Ergebnis (Euro)[1]	Rendite (%)[2]
Pro Fonds Lux Emerging Markets	Entwicklungsländer	29.300	16,9
Fidelity European Growth	Europa	23.900	13,2
Merrill Lynch US Focused Value	Nordamerika	20.700	10,5
DWS Provesta	Europa	18.000	7,8
Templeton Growth	International	17.300	7,1
ACM Global Growth Trend A	International	17.200	7,0
M&G International Growth Euro A	International	16.700	6,4
Threadneedle American Select	Nordamerika	16.700	6,4
Uniglobal	International	16.400	6,1
DWS Japan	Japan	15.900	5,5

1 bei monatlich 100 Euro Anlagebetrag nach 10 Jahren (= 12.000 Euro) vom 1.12.1995 bis 30.11.2005

2 Nettorendite; kaum steuerpflichtige Erträge, Ausschüttung wieder angelegt

Quelle: F & V Fondscenter AG Berlin; Stand: Dezember 2005

Vorteil Ein großer Vorteil von Aktienfonds gegenüber den Aktien einzelner Unternehmen ist die breite Risikostreuung. Ein Kleinanleger, der fünf verschiedene Posten im Depot hat, ist vom Kursverlauf jeder einzelnen Aktie abhängig. Ein Fonds dagegen investiert in mindestens 20 unterschiedliche Unternehmen. Geht es dann mit einem Titel bergab, wird der Verlust durch Gewinne anderer Aktien wieder ausgeglichen. Außerdem schreibt der Gesetzgeber vor, dass eine einzelne Position höchstens zehn Prozent des gesamten Fondsvermögens ausmachen darf. So kommt es nicht zur Übergewichtung einer bestimmten Aktie.

Immobilienfonds

- Immobilienfonds: Ebenfalls sicher, aber oft nicht sehr renditestark sind Immobilienfonds. Sie bieten Kleinanlegern die Möglichkeit, sich an Gewerbeimmobilien zu beteiligen. Da Immobilienfonds in Sachwerte investieren, ist das Verlustrisiko gering. In den letzten Jahren lagen die Erträge allerdings unter denen von Rentenfonds.

Grundsätzlich kann, wer sich an einem Aktienfonds beteiligen will, dies entweder mit einer einmaligen Anlagesumme tun oder mit einem Sparplan. Die einmalige Mindestanlagesumme variiert je nach Fonds zwischen einigen hundert und mehreren tausend Euro. Häufig kann der Anleger seine Einlage später um beliebige Beträge aufstocken.

Tipp

Viele Fondsgesellschaften bieten neben den Einmalanlagen auch Sparpläne an. Dazu wird ein festgelegter Betrag regelmäßig vom Konto abgebucht und in einen Fonds investiert.

Schon ab 50 Euro im Monat kann man so an der Börse mitmischen. Die Sparpläne sind flexibel: Man hat jederzeit die Möglichkeit, die Zahlungen auszusetzen, zu erhöhen oder zu verringern. Auch eine Kündigung ist kein Problem – allerdings kann diese natürlich, wenn sie zum falschen Zeitpunkt erfolgt, mit Verlusten verbunden sein.

Cost-Average-Effekt

Ein weiterer Pluspunkt des Fondssparens ist der so genannte Cost-Average-Effekt: Monat für Monat erwirbt man für den gleichen Betrag entweder mehr oder weniger Fondsanteile, je nachdem, wie viel der Fonds gerade wert ist. In schwachen Börsenzeiten kauft der Anleger also viele Anteile billig ein, bei hohen Kursen häuft man automatisch weniger teure Anteile an. Dieses antizyklische Verhalten sorgt für einen günstigen Durchschnittspreis der Anteile.

Fonds werfen sowohl ordentliche als auch außerordentliche Erträge ab. Als ordentliche Gewinne gelten Zinsen und Dividenden, bei Immobilienfonds auch Mieteinnahmen. Außerordentliche Erträge entstehen beim Verkauf von Wertpapieren, die im Fonds enthalten sind. Wie der Anleger an den Gewinnen beteiligt wird, hängt von der Art des Fonds ab. Handelt es sich um einen ausschüttenden Fonds, werden die Gewinne jährlich an die Anleger ausgezahlt. Das Gegenteil von ausschüttenden sind thesaurierende Fonds: Hier werden die erwirtschafteten Erträge wieder in den Fonds investiert, wodurch die einzelnen Fondsanteile im Wert steigen.

Ausgabeaufschlag

Sicherheit hat ihren Preis, und der setzt sich aus Ausgabeaufschlag, Verwaltungsgebühr und Depotgebühr zusammen. Der Ausgabeaufschlag ist die Provision, die der Vermittler des Fonds, etwa die Bank oder ein Fondsshop, beim Kauf des Fonds bekommt. Bei Aktienfonds beträgt der Ausgabeaufschlag etwa 5 Prozent der Kaufsumme, bei Rentenfonds sind 2 bis 3 Prozent üblich.

Tipp Immer öfter werden auch Fonds ohne Ausgabeaufschlag angeboten, so genannte No-Load-Fonds.

! Doch von diesen vermeintlichen Schnäppchen sollten Sie sich nicht täuschen lassen: Die entgangenen Beträge gleichen die Investmentgesellschaften meist durch höhere Verwaltungsgebühren für sich wieder aus. Wenn der Fonds als kurzfristige Anlage gedacht ist, rechnet sich das für Sie, bei langer Laufzeit stehen Sie sich besser, wenn Sie den Ausgabeaufschlag in Kauf nehmen. Statt des Ausgabeaufschlags verlangen manche Fondsgesellschaften auch eine Rücknahmegebühr, die beim Verkauf der Fondsanteile fällig wird.

Einige Anbieter kassieren doppelt: Sie verlangen sowohl Ausgabeaufschlag als auch Rücknahmegebühr. Darauf sollten Sie achten, denn damit schmälert sich Ihre Rendite unnötig.

Verwaltungskosten

Von den Verwaltungskosten bekommt der Anleger nicht viel mit, denn diese werden nicht extra in Rechnung gestellt, sondern gleich von den erwirtschafteten Fondsgewinnen abgezogen. Nur in den Geschäftsberichten der Fondsgesellschaft sind die Managementgebühren einzeln aufgeführt. Jährlich fließen so 0,5 bis 1,5 Prozent des gesamten Fondsvermögens an die Gesellschaft, die damit Fondsmanager und Verwaltungskosten bezahlt. Auch die Banken erhalten oft einen Teil der Managementgebühren als so genannte Bestandsprovision.

Depotgebühren

Die gekauften Fondsanteile muss man in einem Depot verwahren, für das weitere Gebühren anfallen. Viele Fondsgesellschaften bieten eigene Fondsdepots an. Die Gebühren dafür liegen zwischen 0,1 und 0,2 Prozent im Jahr. Die Verwahrung bei der Fondsgesellschaft ist manchmal auch kostenlos. Wer ohnehin schon ein Wertpapierdepot hat, kann seine Fondsanteile auch dort aufbewahren und zahlt die bei der Bank üblichen Depotgebühren.

Tipp

Da der optimale Verkaufstermin für Fonds selten unmittelbar mit dem 18. Geburtstag Ihres Kindes oder mit seinem Studienbeginn zusammenfällt, sollten Sie schon einige Jahre vorher die Entwicklung Ihres Fonds beobachten und aussteigen, wenn die Titel gut stehen. Das Geld können Sie dann sicher bei einer Bank anlegen und in Ruhe warten, bis Sohn oder Tochter das Geld benötigen.

Offene/geschlossene Immobilienfonds

Wer sich an Immobilienfonds versuchen will, sollte sich des Unterschieds zwischen offenen und geschlossenen Fonds bewusst werden. Offene Fonds sind für Anleger jederzeit offen, Sparer können sich oft mit einem Betrag ab 50 Euro pro Monat beteiligen. Außerdem werden offene Immobilienfonds von der Bundesanstalt für Finanzdienstleistungsaufsicht (BaFin) überwacht, das bedeutet für Sie Sicherheit. Geschlossene Fonds hingegen sind Unternehmensbeteiligungen. Es wird eine Gesellschaft gegründet mit dem Ziel, eine oder mehrere Immobilien zu erwerben.

Laufzeit Sind die benötigten Anlagegelder gesammelt, wird der Fonds geschlossen. Die Mindestbeteiligung fängt in der Regel bei 10.000 Euro an. Die geplante Laufzeit des Fonds beginnt bei etwa acht bis zehn Jahren und ist nach oben offen, der Verkauf der Immobilie(n) muss mehrheitlich beschlossen werden. Hinzu kommt, dass Laufzeitplanungen keine Zusagen sind. Das funktioniert nur dann im Sinne der Anleger und der prognostizierten Rendite, wenn die Immobilienwertentwicklung zumindest die Fondskosten und die Inflation wieder eingespielt hat. Der einzelne Investor hat also keinen Einfluss darauf, wann er sein eingesetztes Kapital zurückerhält, es sei denn, er versucht, seinen Anteil vorab zu verkaufen. Das ist jedoch meist nur mit deutlichen Abschlägen möglich. Während bei einem offenen Immobilienfonds das Risiko auf sehr viele Immobilien verteilt ist, fehlt diese Streuung bei einem geschlossenen Fonds. Das verändert Rendite und Risiko. Zudem werden die geschlossenen Fonds nicht staatlich überwacht und sind damit ein Produkt des so genannten grauen Kapitalmarktes. Nicht jedes dieser Produkte ist unseriös, aber es besteht ein hohes Risiko, auf ein unseriöses Angebot zu treffen.

9.5 Festgeld

Eine Alternative zu den mageren Zinsen der Bundesschatzbriefe, den kaum erwähnenswerten Zinsen von Sparbüchern, dem relativ langen Anlagezeitraum von sieben Jahren beim Bausparen bzw. dem Risiko, das Fondssparen grundsätzlich immer mit sich bringt, kann das Festgeld sein. Hier wird das Geld für einen bestimmten Zeitraum – sinnvoll ist ein Jahr – fest angelegt, danach ist das Geld wieder frei und kann anderweitig angelegt werden. Diese Anlageform ist nicht so bequem wie die Anlage in Bundeswertpapieren. Sie müssen immer wieder prüfen, wohin das frei werdende Geld transferiert werden kann. Dafür werden Sie jedoch mit höheren Zinsen belohnt.

Zinssatz* für eine Anlagedauer von

	1 Mon.	2 Mon.	6 Mon.	9 Mon.	12. Mon.
Niedrigster Zins	0,75	0,75	0,75	1,10	0,75
Durchschnitt heute	1,64	1,66	1,78	1,92	2,12
Durchschnitt vor vier Wochen	1,62	1,61	1,72	1,86	2,02

*pro Jahr in Prozent

Quelle: FMH-Finanzberatung Max Herbst, www.focus.de

Stand: 7.12.2005

9.6 Tagesgeld

Meist gebührenfrei

Auch das Tagesgeld ist eine interessante Anlageform. Das Tagesgeldkonto ist meistens gebührenfrei und das Geld wird über einen unbestimmten Zeitraum, mindestens jedoch 30 Tage, angelegt. Sie können täglich darauf zurückgreifen. Die Zinsverrechnung ist von Bank zu Bank unterschiedlich geregelt: Die Zinsen werden entweder monatlich, vierteljährig oder jährlich gutgeschrieben.

Tipp

Da die eigene Hausbank nicht immer den günstigsten Tarif anbietet, lohnt es sich, bei anderen Kreditinstituten, wie beispielsweise Direktbanken, nachzufragen und nicht selten bieten Online-Banken höhere Zinssätze als Filialbanken an.

Zinssatz

Falls Sie sich jedoch für ein Konto Ihrer Hausbank entschieden haben, reicht oft ein Telefonat mit Ihrem Kundenberater, der daraufhin ein Tagesgeldkonto für Sie eröffnet.

Der Zinssatz für Tagesgeldkonten ist, wie bei fast jeder Geldanlage, den Zinsschwankungen an den Finanzmärkten unterworfen. Die Verzinsung ist auf alle Fälle höher als bei jedem Girokonto. Ein Tagesgeldkonto sollte mindestens mit 1,5 Prozent verzinst werden. Die besten Angebote bewegen sich derzeit zwischen 2,5 und 3,0 Prozent.

!

Einige Banken offerieren ihren Kunden eine Zinsgarantie, die für bestimmte Zeiträume gültig ist. Vielfach werden solche Angebote für die Werbung von Neukunden eingesetzt. Ist die Zeit vorbei, fällt man auf den normalen Zins zurück.

Es lohnt sich in jedem Fall, über die Anschaffung eines Tagesgeldkontos nachzudenken, da diese Form der Geldanlage besonders risikolos ist. Außerdem sind Ihre Sparanlagen bei den meisten Banken gegen Konkurs abgesichert. Nach einer Richtlinie der EU sind alle Banken, die ihren Sitz innerhalb der Europäischen Union haben, dazu verpflichtet, die Einlagen ihrer Kunden zu sichern.

Mindesteinlagesumme

Beim Tagesgeld wird nicht immer eine Mindesteinlagesumme vorausgesetzt. Bei vielen Instituten werden bestimmte Zinssätze jedoch nur offeriert, wenn eine gewisse Einlagenhöhe gewährleistet ist.

!

Sinkt das Ersparte unter einen bestimmten Betrag, muss man mit niedrigeren Zinsen oder sogar mit der Erhebung von Gebühren rechnen.

Tipp

Lastschriften oder Daueraufträge können von einem Tagesgeldkonto nicht getätigt werden. Deshalb ist es nicht für den täglichen Zahlungsverkehr gedacht, sondern dient ausschließlich zum Vermögensaufbau bzw. zur Geldanlage.

Referenzkonto

Wer Geld vom Tagesgeldkonto abheben will, muss dies über ein vorher festgelegtes Referenzkonto machen. Diese Vorgehensweise hat gerade beim Online-Banking erhebliche Sicherheitsvorteile. Einige Anbieter ermöglichen auch die Überweisung auf ein anderes Konto. Sie erheben dafür aber in der Regel eine zusätzliche Gebühr. Laut Stiftung Warentest (Stand Oktober 2005) bieten u. a. Alte Leipziger Bauspar, BMW Bank, CC-Bank, CosmosDirekt/Cosmos Finanzservice, DaimlerChrysler Bank, Denizbank (Wien), DHB Bank, Finansbank, Garantiebank International und ING-Diba günstige Tagesgeldkonten.

Zusammenfassend lässt sich sagen, dass sich ein Tagesgeldkonto insbesondere für Beträge eignet, auf die gegebenenfalls kurzfristig zurückgegriffen werden muss. So können beispielsweise Rücklagen für Reparaturen oder jährlich fällig werdende Zahlungen gut auf einem derartigen Konto geparkt werden.

10. Prioritäten setzen

Natürlich werden die meisten jungen Familien nicht sofort mit dem Sparen beginnen können, sondern sich mit ihrem meist schmalen Budget auf die Absicherung der wesentlichen Risiken beschränken müssen.

Tipp

Wer Prioritäten setzen muss, weil das Budget schmal ist, der sollte in erster Linie die wichtigsten persönlichen Risiken wie Tod (Risikolebensversicherung), Berufsunfähigkeit (am besten in Kombination mit einer Risikoleben), Privathaftpflicht und Invalidität der Kinder absichern.

Zuerst existenzsichernde Policen abschließen

Erst dann, wenn diese existenzsichernden Policen abgeschlossen sind und noch Geld für weitergehende Sparziele vorhanden ist, kann über die geeignete Sparform nachgedacht werden. Dabei sollten Sie immer zwischen kurz- und langfristigen Vorhaben unterscheiden: Langfristige Vorsorge wie die fürs eigene Alter oder für die Ausbildung der Kinder kann anfangs auch mit kleinen Beträgen in Angriff genommen und später – mit wachsendem Budget – gesteigert werden.

Vermögen des Studenten wird angerechnet

Dabei brauchen Eltern nicht fürchten, dass ihr eigenes Vermögen den Anspruch ihrer Kinder auf BAföG mindert. Lediglich Vermögen des Studenten selbst wird aufs BAföG angerechnet. Dabei gilt: Von dem Vermögen werden für den Studenten selbst 5.200 Euro, für einen Ehegatten 1.800 Euro und für jedes Kind des Studenten ebenfalls 1.800 Euro nicht angerechnet. Nur darüber liegende Vermögensbeträge schmälern einen bestehenden BAföG-Anspruch.

Konsultieren Sie bei Bedarf auch den Ratgeber der Verbraucherzentrale »Sparen und Geldanlage« zum Preis von 9,80 Euro (www.ratgeber-verbraucherzentrale.de).

Top-Tipps Finanzielle Vorsorge

- Die private Haftpflichtversicherung ist das A und O für Familien, da sie für Schäden aufkommt, die Familienangehörige Dritten zufügen.
- Unfallversicherungen für Kinder decken nicht alle Gefahren ab, denen Kinder ausgesetzt sind. Besser ist eine Kinder-Invaliditätsversicherung, die auch im Falle schwerer Krankheit zahlt.
- Sportvereine versichern ihre Mitglieder ebenfalls gegen Unfallfolgen. Allerdings reicht diese Grundversicherung nicht aus.
- Wer die Familie für den Fall des eigenen Todes finanziell absichern will, der fährt mit einer preiswerten Risiko-Lebensversicherung am besten.
- Eltern mit Kindern sind in der gesetzlichen Krankenversicherung gut aufgehoben, da die Kinder hier beitragsfrei mitversichert sind – anders als bei Privatversicherern. Für Auslandsreisen ist jedoch eine zusätzliche private Auslandsreise-Krankenversicherung ein Muss.
- Bei Kinder-Invaliditätsversicherungen sollten Sie auf die Zahlung einer ausreichend hohen monatlichen Rente achten. Manche Versicherer bieten zusätzlich eine kleine einmalige Kapitalzahlung.
- Studenten und Auszubildende sollten eine Berufsunfähigkeits-Versicherung abschließen. Wer zusätzlich für Hinterbliebene vorsorgen muss, tut dies am besten in Kombination mit einer Risiko-Lebensversicherung.

- Für die Ausbildungsfinanzierung der Kinder sind teure Ausbildungs-Versicherungen in der Regel nur die zweite Wahl. Besser ist es, die Absicherung des eigenen Todesfalls vom Ansparen des Kapitals für die Ausbildung zu trennen.
- Sie können zwischen einer Reihe sicherer und trotzdem halbwegs renditestarker Anlageformen wählen. Für die Todesfallabsicherung reicht eine Risiko-Lebensversicherung.

Kapitel 6
Das Geld reicht nicht

Darlehen kosten immer Geld

Auch die beste Finanzplanung – zu der wir in Kapitel 8 noch detailliert kommen – kann mitunter nicht verhindern, dass Barschaft und Ersparnisse nicht ausreichen, um eine besondere Situation zu bewältigen oder eine größere Anschaffung zu tätigen. Doch Vorsicht! Die Geldbeschaffung ist oft viel zu leicht. Kaum ein Konsumangebot wird heute noch ohne entsprechende Finanzierung angeboten. Wohnungseinrichtung, Haushaltsgeräte, Elektronikgeräte, Urlaub, Auto oder gar die Schönheitsoperation. Immer häufiger heißt es: Jetzt kaufen, später zahlen. Hinzu kommen großzügig eingeräumte Dispositionskredite und Ratendarlehen. Doch egal wie günstig, die Angebote, Darlehen kosten immer Geld. Zum einen muss der geliehene Betrag zurückgezahlt werden und die Zinsen, die Sie darüber hinaus zahlen müssen, fehlen Ihnen künftig in der Haushaltskasse.

Überschuldung

Richtig problematisch wird es dann, wenn etwas passiert, was Ihre finanzielle Leistungsfähigkeit beeinträchtigt. Krankheit, Scheidung, Arbeitsplatzverlust oder selbst der Wegfall von üblicherweise anfallenden Überstunden können Ihr gesamtes Finanzkonzept zum Einsturz bringen. Der Weg von der geplatzten Darlehensrate bis zur Überschuldung ist kürzer, als Sie denken. Über 3,3 Millionen Haushalte in der Bundesrepublik sind überschuldet. Wichtig ist deshalb, vorher genau zu überlegen, ob das finanzierte Gut wirklich benötigt wird. Natürlich macht es keinen Sinn, bei fehlenden Rücklagen ein Jahr auf eine neue Waschmaschine zu sparen, die jetzt bereits defekt ist, oder auf ein Auto zu verzichten, das zur beruflichen Tätigkeit benötigt wird. Doch seien Sie ehrlich. Konsum auf Pump, etwa ein Urlaub, ist schnell genossen und häufig lang gereut. Stellen Sie fest, dass Sie fremde Mittel für Ihre normale Lebensführung benötigen, etwa durch dauerhafte Inanspruchnahme eines Dispositionskredites, so sollten Sie schnell professionelle Hilfe in Anspruch nehmen (siehe hierzu Seite 142: Wenn die Schulden wachsen).

Im nächsten Schritt sollten Sie dann überlegen, ob ein Darlehen auf andere Art und Weise vermieden werden kann.

Dazu bieten sich vor allem Ersparnisse sowie im Haushalt vorhandene Wertsachen an.

Tipp

1. Alternative Geldquellen nutzen

Viele Menschen haben ein solides Finanzpolster, glauben aber, es nicht antasten zu dürfen. Dabei bringt keine Geldanlage so viele Guthabenzinsen, wie ein Darlehen Zinsen kostet. Prüfen Sie also, ob Sie Erspartes ohne größeren Verlust wieder flüssig machen können.

1.1 Eigene Ersparnisse flüssig machen

Die Nutzung stiller Finanzreserven auf Sparkonten wird dadurch erleichtert, dass viele Anlagen angegriffen werden können, ohne dass sie dafür Strafzinsen zahlen müssen. Selbst Sparformen, die vor Ende der Laufzeit eigentlich nicht verfügbar sind, wie Festgeld oder Sparbriefe, können gegen geringe Kosten beliehen werden. Fragen Sie den Anlageberater Ihrer Bank oder den Versicherungsvertreter, was es kostet, Erspartes wieder flüssig zu machen. Der folgende Überblick zeigt, welche Möglichkeiten es gibt, wenn Sie Ersparnisse haben:

Sparbuch mit dreimonatiger Kündigungsfrist

- Sparbuch mit dreimonatiger Kündigungsfrist: Diese Rücklagen anzugreifen, ist immer billiger, als ein Bank-Darlehen aufzunehmen. Sie dürfen 2.000 Euro innerhalb von 30 Zinstagen kostenfrei vom Sparbuch abheben. Ist die Summe höher, müssen Sie den Betrag drei Monate vorher kündigen, sonst berechnet Ihnen die Bank so genannte Vorschusszinsen. Deren Höhe ist jedoch auf ein Viertel des Habenzinses begrenzt – bei 1,5 Prozent Habenzinsen macht dies bei vorzeitiger Kündigung jährlich 0,375 Prozent Vorschusszinsen aus. Die Vorschusszinsen werden nur für den Zeitraum der Kündigungsfrist, also für drei Monate, erhoben.

Beispiel: Heben Sie vom Sparbuch unangemeldet 5.000 Euro ab, zahlen Sie für 3.000 Euro drei Monate lang Vorschusszinsen, das sind 2,81 Euro. Würden die 5.000 Euro ein Jahr auf dem Sparbuch liegen, bekämen Sie in dieser Zeit 1,5 Prozent Guthabenzinsen, das sind 75 Euro gutgeschrieben. Die sind natürlich weg, wenn Sie das Guthaben auflösen.

Tipp

Addieren Sie die 75 Euro und die 2,81 Euro Verzugszinsen, sind Sie bei rund 78 Euro – das entspricht einem Darlehenszinssatz von knapp 3 Prozent.

Vergleichen Sie dies nun mit den Bedingungen für Dispokredit (11 bis 14 Prozent), so wird ersichtlich, dass es vorteilhafter ist, das Sparbuch aufzulösen.

Sparbuch mit vereinbarter Kündigungsfrist

- Sparbuch mit vereinbarter Kündigungsfrist: Nicht ganz so günstig ist es, wenn Sie Geld zu höheren Zinsen auf einem Sparbuch mit vereinbarter Kündigungsfrist angelegt haben, bei dem häufig eine Kündigungsfrist von einem Jahr festgelegt ist.

!

Hier müssen Sie für die gesamte Summe, die Sie abheben wollen, Vorschusszinsen zahlen.

In der Regel ist das aber immer noch ein gutes Geschäft gegenüber einem Dispo- oder anderen Finanzierungsformen.

Sparbriefe

- Sparbriefe: Bei Sparbriefen kommen Sie vor der Zeit nur dann an Ihr Geld, wenn Sie sich in einer echten wirtschaftlichen Notlage befinden, die Sie der Bank nachweisen müssen. Für Überschuldete kommt beispielsweise die Kopie des Antrags auf Eröffnung des Verbraucherkonkurs-Verfahrens in Betracht.
- Sparbriefe beleihen: Günstiger ist es, den Sparbrief nicht zu kündigen, sondern nur zu beleihen. Sie können dann gleichermaßen über das Geld verfügen. Allerdings verlangen die Banken für ein solches Wertpapier-Darlehen Sollzinsen. Diese liegen in der Regel 1 bis 2 Prozent über den Habenzinsen des Sparbriefes. Übrigens können Sie ebenso wie Ihren Sparbrief auch Ihr Festgeldkonto beleihen.

- Festverzinsliche Wertpapiere: Sie können die meisten Sorten jederzeit über die Börse verkaufen. Ob sich ein solcher Verkauf jedoch lohnt, sollten Sie vorher mit dem Anlageberater durchrechnen. Zum einen gehen Ihnen die Guthabenzinsen verloren, zum anderen könnten Sie echte Verluste haben, wenn der aktuelle Kurs beim Verkauf niedriger ist als der Kurs zu dem Zeitpunkt, als Sie die Papiere gekauft hatten. Es sind aber auch Kursgewinne möglich.

Tipp

Als Faustregel gilt, in Niedrigzinsphasen lohnt sich der vorzeitige Verkauf, in Hochzinsphasen nicht. In diesem Fall ist es günstiger, Ihr Wertpapier-Depot zu beleihen.

Investmentanteile

- Investmentanteile: Wird kurzfristig Geld gebraucht, lassen sich auch Investmentfonds schnell zu Geld machen, da Fondsgesellschaften ihre Anteilscheine zum aktuellen Tageswert zurücknehmen müssen (Ausnahme: geschlossene Immobilienfonds). Ob sich das für Sie lohnt, hängt von der Wertentwicklung des Fonds seit Ihrem Kauf ab.

Tipp

Wenn der Wert des Fonds nicht mindestens um den Betrag des Ausgabeaufschlages, der beim Kauf gezahlt werden muss, gestiegen ist, zahlen Sie drauf.

Auch hier gibt es eine Alternative: Beleihen Sie Ihre Fondsanteile. 80 Prozent gibt es für ein Depot, das Anteile deutscher oder internationaler Renten- oder Immobilienfonds enthält, maximal 60 Prozent bei Anteilen von gemischten Fonds und bei Aktienfonds. Die Beleihung lohnt also nur, wenn Sie unterm Strich billiger wegkommen als mit der Überziehung Ihres Girokontos.

Aktien

- Aktien: Wer Aktien hat, kann diese ebenfalls problemlos zu Bargeld machen. Sie können über die Börse verkauft oder auch beliehen werden.

Tipp

Eine Beleihung ist vor allem dann sinnvoll, wenn die Aktien im Begriff sind, im Kurs zu steigen, oder wenn sie stark fallen. In beiden Fällen wäre ein Verkauf nämlich mit zu großen Einbußen verbunden.

Die Bank wird Ihnen jedoch nicht den hundertprozentigen Gegenwert für die Aktien in bar gewähren. Als Faustregel gilt: Für inländische Aktien gibt es 50 bis 60 Prozent des aktuellen Kurswertes als Beleihungswert. Bei einem international gemischten Depot sind die Banken aufgrund von Währungs- und Bonitätsrisiken vorsichtiger. Zudem sind die Zinskonditionen von Bank zu Bank unterschiedlich. Es gilt: Je größer Ihr Depot, desto bessere Chancen haben Sie bei der Verhandlung mit Ihrer Bank.

Lebensversicherung

- Kapital bildende Lebensversicherung: Sie kann zwar jederzeit gekündigt werden, das ist aber nicht ratsam, weil die Verluste enorm sind.

! Der so genannte Rückkaufswert ist insbesondere in den ersten zehn Jahren meist deutlich niedriger als die Summe der bislang eingezahlten Beiträge.

In Betracht kommt daher nur ein Darlehen auf den Versicherungsvertrag, Policen-Darlehen genannt. Sie zahlen dann trotz Beleihung weiter Ihre Beiträge, können sich aber aus dem bereits vorhandenen Deckungskapital bedienen. Die Zinsen, die für die Beleihung berechnet werden, liegen meist unter denen für Raten-Darlehen. Zurzeit beträgt der Zins etwa 8 Prozent. In der Regel zahlen die Versicherer Beträge bis zur Höhe des garantierten Rückkaufswertes oder des so genannten Beleihungswertes (Rückkaufwert plus Überschussanteile) aus. Die Vorauszahlung wird später mit der Ablaufleistung verrechnet, d. h. um die ausbezahlte Summe gekürzt. Allerdings kann das Policen-Darlehen auch jederzeit ohne Einhaltung einer Frist ganz oder teilweise getilgt werden. In Einzelfällen kann auch der Verkauf einer Kapitallebensversicherung sinnvoll sein.

! Risiko-Lebensversicherungen können nicht beliehen werden, da hier kein Kapital angespart wird.

Bausparvertrag

- Bausparvertrag: Auch angespartes Guthaben Ihres Bausparvertrages können Sie beleihen, um in einer Notlage an Geld zu kommen.

In bestimmten Fällen gilt eine sieben- bzw. zehnjährige Sperrfrist, nämlich dann, wenn Sie staatliche Vergünstigungen für den Vertrag in Anspruch nehmen, wie zum Beispiel die Arbeitnehmersparzulage oder Wohnungsbauprämie. Innerhalb dieser Frist dürfen Sie das Geld nur für wohnwirtschaftliche Zwecke verwenden, sonst entfallen alle Zulagen, und zwar rückwirkend für die gesamte Vertrags-Laufzeit.

!

Beleihung des Bausparvertrages

Die Beleihung des Bausparvertrages lohnt sich daher in aller Regel nur, wenn die siebenjährige Sperrfrist abgelaufen ist. Ausnahme: Sie nutzen das Geld ausschließlich für wohnwirtschaftliche Zwecke, etwa

- zur Entschuldung (soweit ein Darlehen für ein Wohnhaus bzw. einen Wohnzwecken dienenden Teil des Hauses aufgenommen wurde,
- zur Ablösung öffentlich geförderter Baudarlehen,
- zur Schuldtilgung oder
- zur Sondertilgung von Baudarlehen.

Haben Sie für Ihren Bausparvertrag keine staatlichen Vergünstigungen in Anspruch genommen oder besteht der Vertrag schon länger als sieben Jahre, gehen im Falle der Beleihung auch keine Prämienvorteile verloren.

Tipp

Dann können Sie sich als Bausparer Ihr angespartes Kapital auch zurückleihen, um sich zum Beispiel ein Auto zu kaufen oder Schulden zu tilgen, die nichts mit Ihrer Wohnung zu tun haben.

In einem solchen Fall ist der Zinsvorteil Ihres Darlehens aber gering, da Banken in diesen Fällen Konditionen anbieten, die nur knapp unter den Dispo-Zinsen liegen.

Edelmetall

- Edelmetall: Gold, Silber oder Platin sind riskante Geldanlagen. Gold bringt keine Zinsen und ist zumeist kein offizielles Zahlungsmittel. Trotzdem ist die Bank die richtige Adresse für den Verkauf. Vorher sollten Sie die Ankaufkurse mehrerer Banken vergleichen. Münzen bringen übrigens mehr als Goldbarren.

Tipp Seltene Münzen bringen bei Sammlern mehr ein als bei der Bank.

1.2 Darlehen vom Arbeitgeber

Wer Geld braucht, sollte, bevor er von der Bank Geld leiht, prüfen, ob er ein Darlehen von seinem Arbeitgeber bekommen kann. Von einem Darlehen aus dem Personalbüro kann jeder Arbeitnehmer profitieren. Eine unverbindliche Anfrage bei Ihrem Chef bringt in Notlagen vielleicht die erhoffte Geldspritze; verpflichtet dazu ist allerdings keine Firma.

Tipp In Betracht kommt zunächst ein Vorschuss auf das Gehalt. Ist die Sache mit dem nächsten Geldtag ausgestanden, brauchen Sie meist gar keine Zinsen zu zahlen.

Zieht sich das Darlehen dagegen über einige Monate oder Jahre hin, verlangt der Arbeitgeber erfahrungsgemäß 2 bis 6 Prozent Zinsen – weit weniger als jede Bank. Außerdem stellt er nicht so viele Fragen und als Sicherheit reicht Ihre Arbeitskraft. Solche Darlehen sind üblicherweise nach spätestens zehn Jahren zurückzuzahlen.

Vorteile Für dieses Darlehen ohne die Bank sprechen nicht nur die Mini-Zinsen. Das Darlehen vom Chef ist obendrein noch lohnsteuerfrei, wenn die Firma dafür mindestens 6 Prozent Zinsen pro Jahr in Rechnung stellt. Bleibt der Darlehensbetrag insgesamt unter 2.500 Euro, muss der Chef überhaupt keine Zinsen verlangen, und es fällt auch keine Lohnsteuer an.

1.3 Darlehen unter Freunden und von der Familie

Private Darlehen helfen in der Not unbürokratisch und man umgeht im Normalfall auch die hohen Darlehenszinsen der Banken.

Tipp Daher ist es nur fair gegenüber dem Geldgeber aus dem Freundes- oder Familienkreis, eine gewisse Sicherheit für die Rückzahlung zu bieten.

Schreiben Sie einen Schuldschein, oder besser, fertigen Sie einen kleinen Darlehensvertrag aus, den Sie unterschreiben. Die wichtigen Punkte müssen schriftlich geklärt werden zur Sicherheit für beide Seiten. Neben Namen und Adressen, Betrag und Zinshöhe sollte auch die Rückzahlungsfrist genannt werden. Soll das Darlehen zinsfrei sein, muss dies ausdrücklich festgehalten werden. Ebenso die Folgen im Falle einer verspäteten Rückzahlung, falls Sie das vereinbaren wollen. Zahlen Sie das Geld zurück, fügen Sie dem Vertrag eine Empfangsbestätigung bei, die ebenfalls beide Seiten unterschreiben sollten.

Das mag sich bürokratisch anhören. Aber beim Geld, so sagt das Sprichwort nicht umsonst, hört die Freundschaft auf. Daher sind mündliche Verabredungen (so genannte ungesicherte Schuldverhältnisse) in Gelddingen gänzlich ungeeignet.

Übrigens: Ist im Vertrag kein Zins festgelegt, kann der Geldgeber eines Privatdarlehens später höchstens 4 Prozent Effektivzins im Jahr verlangen. Ein Vorteil von Privatdarlehen besteht auch darin, dass Nebenkosten und Bearbeitungsgebühren wegfallen, und den Zinsvorteil gegenüber den Bankangeboten können Sie privat ganz nach Belieben unter den Vertragspartnern aufteilen.

1.4 Der Überziehungskredit vom Girokonto

Finger weg davon!

Grundsätzlich gilt: Finger weg von dieser Finanzierungsform! Sie ist teuer und kann, ohne dass sonst etwas schief läuft, Ihre wirtschaftliche Existenz gefährden.

Natürlich gehört ein Girokonto zu einem gut geführten Haushalt, wie auch das Haushaltsbuch. Die meisten Geschäfte funktionieren heute bargeldlos, so dass man ohne Girokonto kaum noch am gesellschaftlichen Leben teilhaben kann.

Und wer ein Girokonto besitzt, kann es meist auch überziehen – daher der Begriff Überziehungskredit – und sich damit ganz einfach ein Darlehen vom eigenen Konto beschaffen. Der Bank genügt es als Sicherheit, wenn auf dem Konto regelmäßig Geld eingeht.

Tipp

Das Darlehen – auch Dispositionskredit oder Dispo genannt – wird im Schnitt bis zur Höhe von drei Monatsgehältern gewährt. Dadurch kommt der Zahlungsverkehr – insbesondere was Einzugsermächtigungen und Daueraufträge betrifft – nicht ins Stocken, falls das Konto ins Minus rutscht.

Hohe Überziehungszinsen

Wer den vertraglich eingeräumten Überziehungskredit – womöglich regelmäßig – nutzt, muss für diese Darlehensform zwischen 10 und 14 Prozent Überziehungszinsen bezahlen. Momentan sind es im Schnitt 11 Prozent, ein gutes Geschäft also für jede Bank.

Hinzu kommt ein weiterer häufig übersehener Nachteil des Dispokredits. Die Zinsen werden regelmäßig alle drei Monate abgerechnet und auf dem Konto verbucht. Hierdurch vergrößert sich das Minus auf Ihrem Konto, da der höhere Betrag jetzt verzinst wird.

Wenn Sie z. B. 10.000 Euro Überziehungskredit auf Ihrem Konto haben und diesen in Anspruch nehmen, so könnte man auf dem ersten Blick davon ausgehen, dass bei einem Zinssatz von 14 Prozent am Ende des Jahres 1.400 Euro zu zahlen wären. Erfolgt aber innerhalb dieses Jahr weder Tilgung noch Zinszahlung, so beläuft sich der Betrag durch die beschriebene Berechnungsweise tatsächlich auf 1.475,23 Euro.

!

Die bequeme Art der Geldbeschaffung beim Dispositionskredit bewirkt leicht einen Gewöhnungseffekt. Der Überziehungskredit wird dann zum Dauer-Darlehen, einem sehr teuren Darlehen.

Nur für Notfälle

Nutzen Sie den Dispo also möglichst nur für einen einmaligen, konkreten, kurzfristigen Geldbedarf. Muss beispielsweise im Oktober eine neue Waschmaschine angeschafft werden und Sie können im November fest mit Ihrem Weihnachtsgeld vom Arbeitgeber rechnen, dann ist eine Überziehung des Girokontos gefahrlos. Wer verhindern will, dass er regelmäßig große Minusbeträge auf seinem Konto hat, kann mit der Bank vereinbaren, den Überziehungsrahmen zu verringern oder ganz zu streichen.

Besonders teuer ist das Überziehen des eingeräumten Darlehensrahmens. Selbst wenn die Bank dies duldet, erhöht sich der zu zahlende Zins oftmals um weitere 4 Prozentpunkte. Und dieser Zins ist dann nicht nur für die Überschreitung, sondern für das komplette Soll auf Ihrem Konto zu zahlen.

Gefahren

Aber auch ohne Überziehung des eingeräumten Kreditrahmens birgt der Überziehungskredit erhebliche Gefahren. Im Gegensatz zu anderen Darlehensformen kann die Bank hier den eingeräumten Dispo ohne Angaben von Gründen fristlos kündigen. Das kommt derzeit in der Praxis gar nicht so selten vor. Ist das Konto zu diesem Zeitpunkt dann beispielsweise mit ein bis zwei Nettogehältern überzogen, so wird es kaum einer Familie möglich sein, dieses Geld unmittelbar zurückzuzahlen. Die daraus resultierende Schufamitteilung beinhaltet dann die Aussage, dass ein fälliges Darlehen nicht zurückgezahlt wurde. Dies wiederum kann die Kündigung anderer Darlehen zur Folge haben. Im Extremfall kann hierdurch sogar eine laufende Immobilienfinanzierung platzen.

Kürzung des Dispokredits

Eine weitere Gefahr resultiert aus der Rechtsprechung des Bundesgerichtshofs zum Dispositionskredit. Hiernach ist es der Bank erlaubt, eingehende Beträge auf ein bestehendes Soll zu verbuchen und den Dispo dann unmittelbar danach entsprechend zu kürzen. Selbst die Tatsache, dass das Einkommen aus Erwerbstätigkeit stammt und damit ggf. in einer bestimmten Höhe unpfändbar wäre, oder die Tatsache, dass es sich um das einzige Familieneinkommen handelt, hindert die Bank an dieser Vorgehensweise nicht. Dies bedeutet im Ergebnis, dass in diesem Monat keinerlei Beträge mehr zur Zahlung der laufenden Kosten wie Miete, Strom, Telefon oder für den Lebensunterhalt zur Verfügung stehen.

Insgesamt sollten Sie versuchen, einen Dispo so selten wie möglich in Anspruch zu nehmen. Und wenn es nicht anders geht, dann sollten Sie Ihr Hauptaugenmerk darauf legen, diesen möglichst schnell wieder abzubauen. Hierfür gibt es grundsätzlich zwei Möglichkeiten:

Ratenkredit i. d. R. günstiger

Sie können versuchen, die Überziehung umzuschulden. Ein Ratenkredit in entsprechender Höhe ist in der Regel wesentlich günstiger als die Nutzung eines Dispokredits. Voraussetzung hierfür ist jedoch, dass die Raten für ein entsprechendes Darlehen auch gezahlt werden könnten. Außerdem sollten Sie veranlassen, dass der Disporahmen gestrichen wird. Andernfalls besteht die Gefahr, dass die Darlehensraten hieraus gezahlt werden und eine Schuldenspirale beginnt.

Schrittweise Reduzierung

Die andere Möglichkeit ist die schrittweise Reduzierung des Disporahmens bzw. der Inanspruchnahme. Bei entsprechender Selbstdisziplin kann man sich vornehmen, den bis zur nächsten Gehaltszahlung in Anspruch genommenen Rahmen schrittweise um einen festen Betrag zu reduzieren. Eine entsprechende Vorgehensweise kann auch mit der Bank vereinbart werden.

Tipp

Nutzen Sie Ihren Dispo dauerhaft oder überschreiten Sie sogar das eingeräumte Limit, so sollten Sie dringend eine Schuldnerberatung aufsuchen (siehe hierzu Seite 142: Wenn die Schulden wachsen). In der Regel wird es dann sinnvoll sein, das Gespräch mit der Bank zu suchen, damit eine Kündigung vermieden werden kann.

Ihre Bank muss Sie rechtzeitig vor bzw. nachdem Sie erstmalig den Dispo beansprucht haben, über die Konditionen aufklären (§ 493 BGB).

Ihre Bank muss Sie informieren

1. über Ihren Darlehensrahmen,
2. über den Jahreszins zum gegenwärtigen Zeitpunkt,
3. darüber, ob und wie sich der Zins ändert,
4. und Ihnen Hinweise darauf geben, wie Sie den Vertrag beenden können.

Meist werden diese Informationen auf dem Kontoauszug (Abschlussrechnung) gegeben.

1.5 Auf Abzahlung kaufen

Teilzahlungsgeschäfte

Viele Anbieter eröffnen Ihren Kunden mittlerweile die Möglichkeit, den Kaufpreis oder den Preis für die in Anspruch genommene Dienstleistung nicht auf einmal, sondern in Raten zu zahlen. Bei diesen Teilzahlungsgeschäften finanziert nicht eine Bank in Form eines Darlehens den Kaufpreis, sondern der Lieferant selbst gewährt einen Zahlungsaufschub. Ist der Lieferant ein Unternehmer und der Kunde ein Verbraucher, so gelten spezielle Schutzvorschriften. Unternehmer ist jeder, der eine Leistung gewerbsmäßig anbietet. Verbraucher ist jeder, der einen Vertrag nicht für gewerbliche oder selbstständige berufliche Tätigkeit, sondern für private Zwecke, abschließt. In diesem Fall müssen in dem von dem Verbraucher zu unterschreibenden Vertrag

Angaben im Vertrag

- der Barzahlungspreis, d. h. der Preis, der zu zahlen wäre, wenn sofort und vollständig bezahlt würde,
- der Teilzahlungspreis einschließlich der Anzahlung, der Raten, der Zinsen und sonstigen Kosten,
- Betrag, Zahl und Fälligkeit der Einzelteilzahlungen,
- der effektive Jahreszins,
- die Kosten einer Versicherung, die im Zusammenhang mit dem Teilzahlungsgeschäft abgeschlossen wird, und
- die Vereinbarung eines Eigentumsvorbehalts oder einer anderen zu bestellenden Sicherheit

angegeben sein.

Bei Teilzahlungsgeschäften besteht entweder ein Widerrufs- oder Rückgaberecht für den Verbraucher. Die Frist beträgt regelmäßig 14 Tage ab Zugang der Ware, wenn der Verbraucher zuvor ordnungsgemäß über sein Widerrufs- oder Rücktrittsrecht aufgeklärt wurde.

Darüber hinaus kann der Verbraucher vorzeitig zahlen. In diesem Fall reduziert sich die Verbindlichkeit um die Zinsen und sonstigen laufzeitabhängigen Kosten. Lediglich die Zinsen und Kosten für die ersten neun Monate sind in jedem Fall auch bei früherer Zahlung zu zahlen.

Empfehlenswert für langlebige Konsumgüter

Zahlungskäufe empfehlen sich vor allem zur Finanzierung langlebiger Konsumgüter wie Haushaltseinrichtungen und Elektrogeräte. Nicht selten ist der effektive Jahreszins geringer als bei der Finanzierung über eine Bank mittels eines Darlehens. Aber auch hier gilt, die gestundete Zahlung kostet Geld. Dies gilt selbst für die so genannte Nullprozentfinanzierung. Auf den ersten Blick heißen 0 Prozent auch 0 zusätzliche Belastung. Aber nicht selten sind diese Angebote auf bestimmte Modelle beschränkt. Gerade beim Autokauf kann dies zur Folge haben, dass Extras wie beheizbare Außenspiegel, die weder gewünscht sind noch gebraucht werden, mit gekauft und bezahlt werden müssen. Darüber hinaus gehören nicht selten Vollkaskoversicherungen und Wartungen in einer Vertragswerkstatt zum Vertragsinhalt. Hier schlummern also zusätzliche Verpflichtungen. Insgesamt gilt auch hier die Regel: Sie sollten »nur wenn nötig und nur so viel wie nötig« über Teilzahlungsgeschäfte finanzieren.

1.6 Verbraucherdarlehen

Neben dem Teilzahlungskauf offerieren viele Anbieter die Vermittlung eines Darlehens zur Finanzierung eines Kaufs. Die Darlehensverträge liegen in den Geschäften vor oder werden von einem Versandhaus mit den Kaufunterlagen zur Verfügung gestellt. Der Unterschied zum Teilzahlungskauf besteht darin, dass nicht der Händler selbst, sondern eine dritte Person, in der Regel eine Bank, den Kaufpreis finanziert und unmittelbar an den Verkäufer zahlt. Es gibt also zwei Vertragspartner. Zum einen den Verkäufer. Zum anderen die darlehensgebende Bank. Letztlich handelt es sich um ein ganz normales Darlehen, auch Raten- oder Annuitätendarlehen genannt. Die einzige Besonderheit ist, dass bei diesem Darlehen die Verwendung des Geldes von vornherein festgelegt ist.

Zwei Vertragspartner

Wird dieses Darlehen von einem Unternehmen an einem Verbraucher gewährt, so spricht man von einem Verbraucherdarlehen. Hierbei besteht wiederum ein Widerrufsrecht von 14 Tagen ab einer ordnungsgemäßen Belehrung. Soweit der Kauf mit dem Darlehen ein so genanntes verbundenes Geschäft bildet, wirkt der Widerruf des Darlehens auch auf den Kaufvertrag. Verbunden sind derartige Verträge dann, wenn der Verkäufer die Finanzierung über das Darlehen selbst vermittelt.

Darüber hinaus sind bei Verbraucherdarlehen in der vom Darlehensnehmer zu unterschreibenden Vertragsurkunde folgende Angaben zu machen:

Erforderliche Angaben

- der Nettobetrag, ggf. die Höchstgrenze des Darlehens,
- der Gesamtbetrag aller vom Darlehnsnehmer zur Tilgung des Darlehens sowie zur Zahlung der Zinsen und Kosten zu entrichtenden Teilzahlungen,
- die Art und Weise der Rückzahlung des Darlehens,
- der Zinssatz und alle sonstigen Kosten des Darlehens, einschließlich etwaiger vom Darlehensnehmer zu tragenden Vermittlungskosten,
- der effektive oder anfänglich effektive Jahreszins,
- die Kosten einer Restschuld- oder sonstigen Versicherung, die im Zusammenhang mit dem Verbraucherdarlehen abgeschlossen wird, und
- zu bestellende Sicherheiten.

Tipp

Die sinnvolle Laufzeit eines Darlehens ist auch abhängig von dem, was Sie damit finanzieren wollen. Als Faustformel gilt, dass die Laufzeit des Darlehens bis zur vollständigen Tilgung nicht länger sein sollte als maximal zwei Drittel der normalen Lebensdauer oder Nutzungszeit des finanzierten Guts. Wird also eine Waschmaschine mit einer normalen Nutzungszeit von zehn Jahren finanziert, so sollte diese spätestens nach sechs Jahren, d. h. 72 Monaten abbezahlt sein. Eine frühzeitigere Tilgung ist aber in jedem Fall immer wünschenswert.

1.7 Wertsachen veräußern

Neben Ersparnissen bieten sich auch andere Wertsachen an, die Sie im Bedarfsfall zu Geld machen können. Hier ist allerdings die Bank nicht der richtige Ansprechpartner.

Briefmarken

- Briefmarken: Wenden Sie sich an ein Fachgeschäft, um Ihre Sammlung schätzen zu lassen. Ein kurzer Blick des Händlers kostet Sie meist nichts, eine genaue Schätzung kostet 3 bis 5 Prozent des geschätzten Wertes. Nur ausgewählte Sammlungen bester Qualität haben halbwegs gute Verkaufschancen.

Schmuck

- Schmuck: Versuchen Sie es bei einem seriösen Auktionshaus. Meiden Sie Häuser, die selbst kaufen. Wählen Sie eines, das nur verkauft. Der Auktionator nimmt die Ware in Kommission und verdient an der Versteigerung rund 16 Prozent vom Erlös. Eine Schätzung ist in diesem Fall kostenlos. Wollen Sie nur schätzen und nicht versteigern lassen, werden dafür 3 Prozent des geschätzten Wertes verlangt. Wird Ihr Schmuck auf einer Auktion verkauft, erhalten Sie das Geld innerhalb von 30 Tagen.

Antiquitäten

- Antiquitäten: Der Verkauf von Antiquitäten ist per Auktion, im Handel und von privater Hand möglich. Für die Versteigerung von Antiquitäten gelten dieselben Regeln wie für Schmuck. Im Kunst- oder Antiquitätenhandel müssen Sie für ein Gutachten mit Kosten von 2 bis 3 Prozent vom Schätzwert rechnen. Manche Gutachter rechnen allerdings nach Stunden ab. Eine Liste von Schätzern erhalten Sie bei der Industrie- und Handelskammer. Der Schätzer haftet für sein Gutachten.

! Beim Verkauf von privat gibt es keine Garantien, und die Gefahr, übers Ohr gehauen zu werden, wenn Sie sich nicht auskennen, ist groß. Wählen Sie einen Händler, der nach Möglichkeit dem Berufsverband des Deutschen Kunst- und Antiquitätenhandels angehört.

Kunst

- Kunst: Händler zahlen im Schnitt die Hälfte des Preises, den sie für den Weiterverkauf ansetzen. Auf Auktionen hingegen gibt es keine Handelsspanne – dafür bleiben 16 Prozent vom ersteigerten Preis für den Auktionator.

- Medaillen: Spekulieren Sie bei Medaillen nicht auf Gewinn – Sie gehen (fast) immer leer aus. Die meisten Banken handeln nicht mit Medaillen und wenn überhaupt, erhalten Sie im besten Fall den Metallwert. In Sammlerläden erzielen Sie ebenfalls weit weniger als den ursprünglichen Kaufpreis. Daher ist ein Verkauf nur in einer absoluten Notlage empfehlenswert. **Medaillen**

Der Verkauf von Gegenständen eignet sich grundsätzlich nur zum Stopfen eines einmalig aufgetretenen Engpasses, für die Deckung laufender Lebenshaltungskosten eignet sich dieser nicht. Sobald Sie versuchen, Ihre laufende Lebenshaltung auf diesem Weg zu decken, werden Sie feststellen, dass bereits nach kurzer Zeit nichts mehr zum Verkaufen da ist. Es ist unbedingt ratsam, eine Schuldnerberatung aufzusuchen, bevor man das letzte »Tafelsilber« verkauft.

1.8 Im Leihhaus Pfandkredit geben lassen

Keine Bonitätsprüfung

Wer sich nicht endgültig von Wertgegenständen trennen will, sollte den Gang zum Pfandleiher in Betracht ziehen. Nach Auskunft des Zentralverbandes des Deutschen Pfandkreditgewerbes ist es für viele Menschen durchaus akzeptabel, sich zunächst auf diesem unbürokratischen Weg Geld zu beschaffen. Die übliche Bonitätsprüfung entfällt, der hinterlegte Gegenstand genügt als Sicherheit. Die Kosten betragen 1 Prozent der ausgezahlten Summe pro Monat plus einer gesetzlich festgelegten Vergütung für Schätzung, Lagerung, Sicherung und Versicherung des Pfands.

Beispiel: Wer für seine Uhr ein Darlehen von 300 Euro vom Leihhaus erhält, muss dafür pro Monat 3 Euro Zinsen plus 6,50 Euro Vergütung zahlen. Die Laufzeit beträgt in der Regel drei Monate.

!

Eine längere Laufzeit wird ein teures Vergnügen: Der effektive Jahreszins klettert schnell auf bis zu 40 Prozent und ist damit drei- bis viermal so hoch wie die Kosten für Konsumenten-Darlehen bei der Bank.

Für den einmaligen und sehr kurzfristigen Geldbedarf desjenigen, der keinen Dispokredit oder auch kein Bankdarlehen bekommt, kann die Pfandleihe durchaus interessant sein. Sie nimmt vor allem Gold- und anderen Schmuck, Nobeluhren, Edelsteine, Kameras, Porzellan und Sammlerstücke an.

Wer allerdings versucht, damit größere Finanzlöcher zu stopfen, ist bei der Schuldnerberatung besser aufgehoben.

Tipp Achten Sie bei der Wahl der Pfandleihe auf die Mitgliedschaft im Zentralverband des Deutschen Pfandkreditgewerbes. Andernfalls sollten Sie sich erkundigen, ob eine Genehmigung durch die Ordnungsbehörde vorliegt.

Aufgrund der verhältnismäßig hohen Kosten und Zinsen eignet sich der Weg ins Pfandhaus aber nie zur dauerhaften Lösung von Finanzproblemen. Wer ernsthafte Schwierigkeiten hat, sollte unbedingt eine seriöse – nicht kommerzielle – Schuldnerberatung konsultieren. Mehr dazu weiter unten in diesem Kapitel.

✓ Alternative Geldquellen

Was?	Vorhanden?	Betrag
Sparanlagen, die schnell flüssig gemacht werden können		
• Girokonto	ja ☐ nein ☐	....
• Tagesgeldkonto	ja ☐ nein ☐	....
• Sparbuch	ja ☐ nein ☐	....
• andere Ersparnisse	ja ☐ nein ☐	....
Sparanlagen, die evt. schnell flüssig gemacht werden können		
• Sparbuch mit verlängerter Kündigungsfrist	ja ☐ nein ☐	....
• festverzinsliche Wertpapiere	ja ☐ nein ☐	....
• Investmentfonds	ja ☐ nein ☐	....
• Aktien	ja ☐ nein ☐	....

Eventuell günstige Beleihung

• festverzinsliche Wertpapiere	ja ☐	nein ☐	....
• Aktien	ja ☐	nein ☐	....
• Bausparvertrag	ja ☐	nein ☐	....

Günstig geborgtes Geld

• Familiendarlehen	ja ☐	nein ☐	....
• Darlehen von Freunden	ja ☐	nein ☐	....
• Darlehen vom Arbeitgeber	ja ☐	nein ☐	....
• Darlehen vom Pfandleiher	ja ☐	nein ☐	....

Günstig zu veräußernde Wertsachen

• Schmuck	ja ☐	nein ☐	....
• Kunstgegenstände	ja ☐	nein ☐	....
• Sammlungen	ja ☐	nein ☐	....
• Antiquitäten	ja ☐	nein ☐	....

2. Welche Darlehen für Familien erträglich sind

Darlehen sind heutzutage sehr verbreitet und in Beträgen bis 5.000 Euro auch ziemlich leicht zu bekommen. Der unproblematische Griff zu geborgtem Geld sagt jedoch noch nichts über die eigene Fähigkeit aus, Schulden auch vertragsgemäß zurückzuzahlen. Passt das Darlehen nämlich nicht ins Budget, so die schmerzliche Erfahrung vieler Deutscher, ist die Überschuldung nicht mehr weit.

2.1 So viel Darlehen können Sie sich leisten

Einkünfte prüfen

Ob Sie sich diesen Schritt leisten können, zeigt ein kritischer Blick auf die eigenen Einkünfte. Bei der Berechnung von Soll und Haben gehen Sie ähnlich vor wie bei Ihrem Haushaltsbuch:

So viel Darlehen können Sie sich leisten

	Beispiel (in Euro)	Ihre Zahlen
Einnahmen/Ausgaben		....
Nettoeinnahmen	**2.000**	....
Ausgaben bisher	1.900	....
darunter:		
• Warmmiete, Energie	450	....
• Versicherung	150	....
• Alltag, Telefon, Kleidung	1.000	....
• Auto (samt Rücklagen)	200	....
• Unterhalt, Kita, Darlehen	100	....
Ersparnisse (monatlich)	100	....
geplante Darlehenssumme	**5.000**	....
Zins pro Monat (in Prozent)	0,59	....
= eff. Jahreszins (in Prozent)	14,20	....
Zinsen insgesamt (5 Jahre)	3.550	....
Tilgung insgesamt	5.000	....
= Gesamtsumme	8.550	....
Monatsrate (60 Monate lang)	**142**	....
Saldo Einnahmen/Ausgaben		
ohne Darlehen	+ 100	
mit neuem Darlehen	- 42	....
nötige Einsparung		
(z.B. bei Auto-Rücklage)	42	....
Ausgaben nach Einsparung	2.000	....
Saldo	Null	Null

Nach Abzug der üblichen Kosten für Haushalt und Lebenshaltung muss Geld für die monatliche Darlehensrate übrig bleiben. Ist das nicht der Fall, müssen Sie das Budget an passender Stelle kürzen.

!

Notwendigkeit der Darlehensprüfung

Wer jetzt voreilig meint, die notwendige Einsparung könne durch Kürzung der Rücklage für das Auto bewerkstelligt werden, begeht den ersten großen und möglicherweise folgenschweren Fehler. Wird nämlich eine größere Reparatur oder Ersatzbeschaffung benötigt, dann fehlt ein Betrag von mehr als 2.500 Euro an dieser Stelle. Da das bisherige Budget wenig Spielraum lässt, sollte als Erstes genau geprüft werden, ob das Darlehen in dieser Höhe wirklich benötigt wird oder ob es möglich ist, durch Reduzierung des Kapitalbedarfs oder durch den Einsatz von Ersparnissen die Darlehenssumme zu mindern. Der dann noch vorhandene Bedarf kann möglicherweise mit einem geringeren Zins finanziert werden. Sollte es jedoch bei den Rahmenbedingungen bleiben, so müssten Sie versuchen, den entsprechenden Betrag in den übrigen Kategorien einzusparen. In dem Beispiel setzt die Familie 10 Prozent ihres Einkommens für ihr Auto ein. Hier bestätigt sich ein geflügeltes Wort der Schuldnerberatung: Das Auto ist der Motor der Verschuldung. Soweit das Fahrzeug nicht zwingend für die Erwerbstätigkeit benötigt wird, könnte die Familie erheblichen finanziellen Spielraum gewinnen, wenn sie hierauf verzichtet. Ist ein Verzicht auf das Auto nicht möglich und die Wohn- und Versicherungskosten können auch nicht gesenkt werden, so müssten insgesamt rund 5 Prozent der Kosten für Alltag, Telefon und Kleidung eingespart werden. Dies würde eine gewaltige Kraftanstrengung bedeuten. Für ein Ehepaar würde dies möglicherweise realisierbar, lebt jedoch noch ein Kind mit im Haushalt, ist dies kaum zu bewältigen.

Tipp

Die meisten Kreditinstitute orientieren sich nach Erfahrungen von »Geld und Haushalt«, dem Beratungsdienst der Sparkassen, an einigen Faustregeln, mit deren Hilfe sie einschätzen, wie es um die finanzielle Situation des Kunden bestellt ist. Diese sind auch für Sie als Kunde interessant.

Sind Sie finanziell auf ein Darlehen eingestellt?

Faustregel 1

Nach Abzug der Zins- und Tilgungsraten müssen folgende Beträge für den Kunden übrig bleiben:

- für Alleinstehende 550 Euro,
- für ein Ehepaar 850 Euro und
- pro Kind 200 Euro.

Beispiel: Eine Familie mit zwei Kindern müsste demnach mit rund 1.250 Euro auskommen. Dies ist als Untergrenze zu verstehen und berücksichtigt z.B. nicht, dass manche Familien zwei Autos brauchen, weil beide Eltern berufstätig sind und mit dem Auto zur Arbeit fahren müssen. Bei den genannten Beträgen handelt es sich um Durchschnittswerte, über die Familien, die auch nur ein geringes Einkommen haben und deshalb einen niedrigen regelmäßigen Fixkostenanteil (z. B. Miete) verfügen.

Faustregel 2

Mittelfristig dürfen die Ausgaben für Zins und Tilgung nicht 30 bis 50 Prozent des Nettoeinkommens überschreiten. (Der Höchstbetrag von 50 Prozent trifft vor allem auf die Situation der Finanzierung einer Immobilie zu.) Je geringer das Familieneinkommen ist, desto geringer sollte auch der Prozentsatz sein.

Beispiel: Eine Familie mit zwei Kindern und einem Nettoeinkommen von 1.750 Euro wird wahrscheinlich mit 40 Prozent schon arg belastet sein, während bei 3.000 Euro Einkommen sogar 50 Prozent noch vertretbar sind.

Faustregel 3

Bei Baufinanzierungen, bei denen ja in absehbarer Zeit die Miete wegfällt (Betriebskosten dagegen fallen auch im eigenen Haus an), muss mittelfristig folgende Rechung aufgehen: Zins und Tilgung + Betriebskosten = (oder <) bisherige Miete + mögliche Ersparnis.

Beispiel: Wer 500 Euro für Zins und Tilgung monatlich ausgibt und mit 300 Euro Betriebskosten rechnet, muss auf der anderen Seite mindestens 800 Euro an Miete oder bei anderen Ausgaben einsparen.

Ob sich Ihre Wünsche mit Hilfe eines Darlehens verwirklichen lassen, kann auch auf andere einfache Art geprüft werden. Das Prüfmuster signalisiert ziemlich sicher, ob Kaufen oder Verzichten für Ihre finanzielle Lage besser ist

✓

Kaufen oder verzichten?

- Wünsche aufschreiben und nach Wichtigkeit ordnen. ☐
- Preise ermitteln (Vorher unbedingt vergleichen!), eigene Ersparnisse prüfen. ☐

  1. Sie können sich alle Wünsche erfüllen + kaufen. ☐

  2. Sie können nicht alles bezahlen. In dem Fall können Sie warten, bis mehr angespart ist + sparen + später kaufen ☐

  oder

  zunächst warten + weiter ansparen + später zusätzlich Darlehen aufnehmen + in absehbarer Zeit kaufen ☐

  oder

  nicht warten + Darlehensaufnahme erwägen: In dem Fall wägen Sie ab: ☐

- Darlehensbelastung ist zu hoch: Wünsche reduzieren, bis ☐

  Darlehensbelastung tragbar ist + Darlehen aufnehmen + kaufen ☐

- Darlehensbelastung tragbar + Darlehen aufnehmen + kaufen

Rückzahlungschancen prüfen Die große Kunst besteht darin, vor der Darlehensaufnahme die eigenen Rückzahlungschancen sehr sorgfältig zu prüfen. Erhält die Bank nämlich hinterher nicht pünktlich ihr Geld zurück, hagelt es Verzugszinsen. Das Darlehen wird dann am Ende noch teurer und Sie verschulden sich noch mehr. Unter Umständen wird dies auch sehr schnell öffentlich, etwa bei einer Lohnpfändung. Besser, Sie rechnen vorher gründlich, als dass Sie hinterher draufzuzahlen.

! Ein zahlungsunfähiger Kreditnehmer kann nach Ansicht des Oberlandesgerichts Stuttgart (Az. 9 U 204/00) die Rückzahlung seiner Schulden nicht mit dem Argument verweigern, die Bank hätte ihn bei Vertragsabschluss darauf hinweisen müssen, dass er sich mit seinem Finanzierungsvorhaben übernimmt.

2.2 Gute und schlechte Darlehen

Rund ein Viertel der deutschen Haushalte stottert nach einer Untersuchung des Deutschen Instituts für Wirtschaftsforschung (DIW) ein oder mehrere Raten-Darlehen ab. Grundsätzlich gibt es gute und schlechte Darlehen.

Tipp Gut ist ein Darlehen dann, wenn man es zu günstigen Konditionen aufnimmt für unentbehrliche Anschaffungen, die mit Eigenkapital nicht zu finanzieren sind, und wenn die Finanzierung während der gesamten Laufzeit keinesfalls gefährdet ist.

Schön ist es, wenn die Anschaffung sogar noch eine Wertsteigerung erfährt, was häufig bei Wohneigentum der Fall ist.

Im Umkehrschluss gilt: Schlecht sind Darlehen, die zu teurem Preis aufgenommen werden, für Anschaffungen, die zu teuer oder entbehrlich gewesen sind und für die die Rückzahlung des Geldes nicht dauerhaft gesichert ist.

Risiken prüfen Prüfen Sie die Risiken einer Darlehensaufnahme. Die Tatsache, dass Sie hinterher – aus welchen Gründen auch immer – die vereinbarten Raten nicht zahlen können, entbindet Sie nicht von der eingegangenen Verpflichtung, das aufgenommenen Darlehen auch wieder zurückzuzahlen.

Es gibt keinen Rechtsanspruch auf Stundung oder Reduzierung der Raten! Das gilt selbst für den Fall, dass Sie unverschuldet zahlungsunfähig werden.

2.3 Das richtige Darlehen wählen

Wie bereits dargestellt, gibt es eine Reihe verschiedener Darlehensformen. Oft werden die hier dargestellten Grundformen mit klingenden Namen wie »Easycredit, Idealkredit, Sofortkredit, Kredit mit Sicherheitsnetz« o. Ä. beschrieben. Das macht es aber nicht leichter, das richtige Darlehen für den vorhandenen Geldbedarf zu finden. Das ideale Darlehen für alle Situationen gibt es nicht. Letztlich ist die Wahl immer abhängig vom Einzelfall. Aber es gibt einige Grundregeln, die Ihnen Ihre Wahl erleichtern können.

Tipp

- Grundsätzlich gilt: Finger weg von jeder Form von Darlehen für die Finanzierung Ihres laufenden Lebensunterhalts. Hier ist unbedingt eine Beratung durch die Schuldnerberatung erforderlich.
- Wählen sie in der derzeitigen Niedrigzinsphase eher ein Darlehen mit festgelegtem statt mit variablem Zins.
- Vermeiden Sie die dauerhafte Inanspruchnahme des Überziehungskredites. Sofern Sie den Dispo in nennenswertem Umfang in Anspruch nehmen, sollten Sie über eine Umschuldung in ein Verbraucherdarlehen nachdenken.
- Wählen Sie Darlehenshöhe und Laufzeit so, dass Sie die fälligen Raten sicher zahlen können. Vereinbaren Sie lieber ein Sondertilgungsrecht, als von vornherein die Raten zu hoch zu wählen.
- Vergleichen Sie den effektiven Jahreszins.
- Beginnen Sie frühzeitig mit dem Vergleich. Kreditanfragen werden mehrere Tage bei der Schufa gespeichert, auch wenn Sie das Darlehen nicht in Anspruch nehmen. Diese Anfragen verschlechtern die Ihnen angebotenen Konditionen. Sie müssen ggf. zwischen den Anfragen jeweils ein bis zwei Wochen vergehen lassen.
- Vermeiden Sie, bei Darlehensaufnahme eine Restschuldversicherung abzuschließen. Diese verteuert das

Darlehen erheblich. Versuchen Sie stattdessen, vorhandene Sicherheiten anzubieten.

- Wollen Sie mit einem Darlehen einen Kauf finanzieren, so sollte die Laufzeit des Darlehens (Ausnahme ist eine Immobilienfinanzierung) nicht länger als zwei Drittel der vermuteten Lebensdauer des finanzierten Gegenstands sein.
- Wird Ihre Darlehensanfrage bei Ihrer Hausbank oder von anderen Geschäftsbanken abgelehnt, suchen Sie Ihr Heil nicht in Angeboten wie Kredite ohne Schufa. Hier lauern außerordentlich hohe Zinsen und auch unseriöse Anbieter.

Wichtig für den Vergleich

Vergleichen Sie, bevor Sie ein Darlehen aufnehmen. Wichtig ist dabei vor allem der effektive Jahreszins. Dieser ermöglicht den Vergleich zwischen verschiedenen Angeboten.

Was ist der effektive Jahreszins?

§ 492 Absatz 2 BGB:

»Effektiver Jahreszins ist die in einem Prozentsatz anzugebende Gesamtbelastung pro Jahr. Die Berechnung des effektiven und des anfänglichen effektiven Jahreszinses richtet sich nach § 6 der Verordnung zur Regelung der Preisangaben.«

§ 6 Absatz 1 Preisangabenverordnung:

»Bei Darlehen sind als Preis die Gesamtkosten als jährlicher Vomhundertsatz des Darlehens anzugeben und als ›effektiver Jahreszins‹ oder, wenn eine Änderung des Zinssatzes oder anderer preisbestimmender Faktoren vorbehalten ist (§ 1 Abs. 4), als ›anfänglicher effektiver Jahreszins‹ zu bezeichnen...«

Restschuldversicherung

Der effektive Jahreszins beinhaltet also im Wesentlichen alle von Ihnen zu tragenden Kosten. Problematisch ist jedoch immer wieder die Einbeziehung von Restschuldversicherungen. Diese sind laut Preisangabenverordnung in den effektiven Jahreszins einzurechnen, wenn deren Abschluss zur Bedingung für das Darlehen gemacht wird. Nicht wenige Banken gehen so vor. Trotzdem werden die

Vorhandene Sicherheiten nutzen

entsprechenden Versicherungsprämien nicht in den effektiven Jahreszins eingerechnet. Da die Verbraucher nicht beweisen können, dass der Versicherungsabschluss zur Bedingung gemacht wurde, bleibt dieser Verstoß folgenlos. Dies sollten Sie beim Preisvergleich unter Zugrundelegung des effektiven Jahreszinses berücksichtigen. Es ist viel günstiger, vorhandene Sicherheiten zu nutzen, als neue Versicherungen abzuschließen. Überlegen Sie sich vor der Darlehensaufnahme, welche Sicherheiten Sie einer Bank bieten können. Kapital- oder Risiko-Lebensversicherungen, Sparverträge u. Ä. sind hierzu geeignet. Suchen Sie sich ein Institut, das bereit ist, Ihre Sicherheiten zu akzeptieren. Sollten keine zusätzlichen Sicherheiten bei Ihnen vorhanden sein, so beziehen Sie eine Versicherungsgebühr für eine neue Versicherung mit in den Preisvergleich ein.

Variabler/ fester Zinssatz

Bei Darlehen haben Sie die Auswahl zwischen solchen mit variablem und solchen mit festem Zinssatz. Darlehen mit variablem Zins sind etwas günstiger. In Zeiten wie diesen, in denen der Zins sehr niedrig ist und eher ein Steigen der Zinsen befürchtet werden muss, sollte immer ein fester Zins bevorzugt werden.

Die Höhe des Zinses ist darüber hinaus von der Laufzeit abhängig. Derzeit werben Banken teilweise mit dem Slogan: Je länger die Laufzeit, desto günstiger der Zins. Diese Faustformel ist grundsätzlich richtig. Der Haken dabei ist jedoch, dass dann für die gesamte lange Laufzeit Zinsen zu zahlen sind. Ziel sollte aber immer sein, ein Darlehen möglichst schnell zurückzuzahlen. Dabei besteht jedoch die Gefahr, dass Sie sich durch eine zu hoch gewählte Rückzahlung überfordern. Können Sie die vereinbarte Rate nicht zahlen, so ist eine Verlängerung der Laufzeit und Herabsetzung der Raten nicht ohne weiteres und immer nur im Einvernehmen mit der Bank möglich. Besser ist es, eine Rate zu vereinbaren, die Sie auch tatsächlich tragen können und zusätzlich die Möglichkeit einer so genannten Sondertilgung zu vereinbaren. Sollten Sie dann etwas Geld übrig haben, so können Sie Teile vorzeitig zurückzahlen und auf diese Weise Zinsen sparen.

Darlehensvergleiche, wie sie zahlreiche Anbieter online oder gedruckt anbieten, helfen einen ersten Überblick zu bekommen.

Raten-Darlehensvergleich

Beispiel Raten-Darlehensvergleich von Finanztest: Jeden Monat veröffentlichen die Warentester unter der Rubrik »Marktplatz« die aktuellen Konditionen von jeweils knapp 50 Anbietern von Hypothekendarlehen, Raten-Darlehen, Neuwagenfinanzierungen u. Ä. Auch bei www.aspect-online kann man sich einen ersten Eindruck von möglichen Angeboten einholen. Gesucht wird z. B. der günstigste Anbieter eines Raten-Darlehens über 20.000 Euro bei einer Laufzeit von 36 Monaten:

Hier hat die Stiftung Warentest (Quelle: Finanztest 11/2005, Stand 1. Oktober 2005)

DHB Bank, Credit-Discount, Cosmos Finanzservice, SKG Bank, Dresdner-Cetelem Darlehenbank, Postbank, Dr. Klein & Co. Allg. Beamten Kasse, Netbank, Creditplus Bank

als günstige Anbieter ausgemacht.

Die günstigsten Angebote unterscheiden sich um bis zu 0,5 bis 1 Prozentpunkte.

Konditionen sind Verhandlungssache

Beachten Sie dabei, dass die Konditionen eines Darlehens immer Verhandlungssache sind. Zunächst sollten Sie ein Angebot Ihrer Hausbank einholen. Liegen Ihnen dann günstigere Angebote von anderen Anbietern vor, suchen Sie dort erneut das Gespräch.

Neben dem Kostenrisiko gibt es praktisch bei allen Darlehensformen einige Fallen, in die Ungeübte gern stolpern. Mitunter steht im »Kleingedruckten« etwas von Verpflichtungen in kritischen Situationen, deren Tragweite Sie vorher gar nicht abschätzen können. Auch deshalb sollten Sie vor der Unterschrift des Darlehensvertrages eine unabhängige Beratung in Anspruch nehmen. Denn die Bank will an dem vermittelten Darlehen verdienen. Es ist an Ihnen, Preise zu vergleichen und Ihre Position zu vertreten.

Neben den bereits erwähnten Angeboten »Kredit ohne Schufa«, unseriösen Angeboten aus dem Ausland und von Kreditvermittlern sollten Sie einige spezielle Formen des Darlehens vermeiden.

Lohnsteuervorfinanzierung

Die so genannte Lohnsteuervorfinanzierung – sie wird teilweise angeboten oder vermittelt von Lohnsteuerhilfevereinen – soll eine errechnete und bevorstehende Einkommensteuererstattung sofort verfügbar machen, indem Ihnen ein entsprechendes Darlehen gewährt wird. Im Gegenzug muss die Erstattung abgetreten werden. Problematisch ist, dass der Zins, wenn Sie den effektiven Jahreszins tatsächlich auf den Zeitraum umrechnen, in dem Ihnen das Darlehen zur Verfügung gestellt wird, also bis zur Auszahlung des Finanzamtes, extrem hoch ist. Wenn dann darüber hinaus das Finanzamt nicht die zuvor errechnete Summe als Erstattung anerkennt, bleibt eine Restschuld, die Sie teuer bezahlen müssen. Besteht ein Steuererstattungsanspruch und Sie haben einen dringenden Geldbedarf, bei dem Sie nicht bis zur Auszahlung warten können, sprechen Sie lieber mit Ihrer Hausbank, ob Ihnen kurzfristig ein entsprechendes Darlehen gewährt wird. Vorsichtshalber sollten Sie nicht mehr als maximal 50 Prozent der errechneten Steuererstattung aufnehmen.

Lebensversicherungsdarlehen

Eine weitere besondere Konstruktion ist das so genannte Lebensversicherungsdarlehen. Hierbei schließen Sie neben dem Darlehen eine Lebensversicherung oder auch einen Bausparvertrag ab, der über die Laufzeit des Darlehens angespart wird. Am Ende der Laufzeit soll das Darlehen mit dieser angesparten Summe getilgt werden. Während der gesamten Laufzeit erfolgt keine Tilgung auf das Darlehen. Der Zinssatz ist häufig wesentlich geringer als bei einem üblichen Verbraucherdarlehen, bei dem über die Laufzeit zunehmend die Tilgung erfolgt. Diese Konstruktion führt jedoch nicht selten dazu, dass Sie insgesamt mehr zahlen als bei einem Annuitätendarlehen, einem Darlehen also, bei dem Sie die Darlehenssumme in einer Kombination aus Zins und Tilgung zurückzahlen. Hier sollten Sie eine Vergleichsrechnung durch die Bank erstellen lassen. Besonders problematisch wird das

Lebensversicherungsdarlehen, wenn die Kapitallebensversicherungssumme zu niedrig geschätzt wird. Durch die in der Vergangenheit gesunkenen Überschussbeteiligungen gibt es eine Vielzahl von Fällen, in denen absehbar ist, dass die Lebensversicherungen am Ende der Laufzeit nicht ausreichen werden, um das Darlehen zu tilgen.

Formulare nie blanko unterschreiben

Eine Grundregel, die Sie darüber hinaus immer beachten sollten, ist, alle Unterlagen, bevor Sie sie unterschreiben, genau durchzulesen. Natürlich macht es eine Menge Mühe und einiges von dem ist kaum zu verstehen. Fragen Sie notfalls nach der Bedeutung. Keinesfalls sollten Sie Formulare blanko unterschreiben, auch wenn Ihnen zugesichert wird, dass diese nach Ihren Angaben vervollständigt werden. Dies gilt insbesondere für die so genannte Selbstauskunft. Hier müssen Sie regelmäßig Ihr Einkommen und Ihr Vermögen sowie Ihre Belastungen angeben. Stellt sich später heraus, dass Ihre Angaben unzutreffend oder unvollständig waren, so wird Ihnen möglicherweise der Vorwurf des Betruges gemacht. Legen Sie hier besondere Sorgfalt an den Tag und füllen das Formular selbst vollständig und richtig aus.

Auf keinen Fall sollten Sie sich auf irgendeine darlehensfinanzierte Geldanlage einlassen. Hier ist die Gefahr groß, dass es sich um ein unseriöses Angebot handelt. Es gibt praktisch keinen Fall, in dem Ihnen ein höherer Gewinn aus der Anlage zugesichert werden kann, als Sie für das Darlehen zahlen müssten.

Wiederkehrende Umschuldung vermeiden

Vermeiden Sie nach Möglichkeit wiederkehrende Umschuldung. Ausnahme ist die oben erwähnte Umschuldung eines Dispokredits in ein Ratendarlehen. Selbst wenn der effektive Jahreszins von dem alten zu dem neuen Darlehen sinkt, besteht die Gefahr, dass durch den erneuten Abschluss und durch Bearbeitungsgebühren sowie teuere Versicherungen Ihre Gesamtbelastung steigt. Haben Sie ein laufendes Darlehen und ergibt sich dann ein erneuter Darlehensbedarf, so empfiehlt sich der Abschluss eines neuen Vertrages nur für diesen Betrag. Die Ablösung des alten Darlehens und Zusammenfassung zu einem neuen bezahlen Sie in der Regel teuer.

Um die häufigsten Fußangeln, die aus der langjährigen Darlehensberatung der Verbraucherzentrale bekannt sind, zu vermeiden, hier eine Checkliste:

So gehen Sie Fußangeln aus dem Weg ✓

- Überziehungskredit: Wie hoch ist mein Darlehensrahmen? ☐

  Wenn der überzogen wird, drohen Strafzinsen.

- Restschuldversicherung: Komme ich ohne aus? ☐

  Sie ist – mit Ausnahme von Baudarlehen – meist nicht vorgeschrieben und verteuert das Darlehen unnötig. Achtung: Bei Arbeitslosigkeit springt sie ohnehin nicht ein. Alternative: Ansprüche aus schon vorhandener Lebensversicherung abtreten.

- Kreditvermittler: Höchste Vorsicht ist geboten! Im Schnitt verteuern sie das Darlehen um mindestens 5 Prozentpunkte. ☐

- Gewerbliche Schuldenregulierer: Hände weg davon! ☐

  Sie versprechen einen Ausweg aus finanzieller Not, verursachen aber nur zusätzliche Kosten. Unverzüglich die Verbraucherzentrale einschalten!

- Kündigung eines Verbraucherdarlehens durch die Bank: ☐

  Das sollten Sie unbedingt vermeiden! Wenn nicht, achten Sie darauf, dass all Ihre Rückzahlungen in der richtigen Reihenfolge abgebucht werden: Zuerst sind die Kosten zu begleichen, die mit der Kündigung zusammenhängen, danach das eigentliche Darlehen und erst dann die Verzugszinsen.

Das Thema Finanzierung wird vertiefend in den Ratgebern der Verbraucherzentrale »Die Baufinanzierung« (14,90 Euro) und »Richtig finanzieren« (9,80 Euro) behandelt, zu bestellen unter www.ratgeber-verbraucherzentrale.de.

3. Wenn die Schulden wachsen – was tun?

In Zahlungsschwierigkeiten kann jeder kommen. Selbst vor Überschuldung ist niemand gefeit. Oft sind der Verlust des Arbeitsplatzes daran schuld oder eine Ehescheidung, der Wegfall von Unterhaltszahlungen oder eine unerwartete Krankheit. Die Situation scheint dann plötzlich vollkommen aussichtslos. Aber wer das Problem offensiv angeht und sich professionelle und seriöse Hilfe sucht, hat die Chance, wieder auf sichere finanzielle Füße zu kommen.

Vorab jedoch zunächst ein paar Worte zu dem möglichen Szenario, dass wirklich nichts mehr geht.

3.1 Damit müssen Überschuldete rechnen

Wer als Schuldner nicht zahlt, muss mit Verzugszinsen, Mahngebühren oder sogar der Einschaltung von Gerichten und Inkassobüros rechnen. Das erhöht die Schulden noch zusätzlich.

Tipp

Gläubiger sofort informieren

Falls das Geld nicht reicht, machen Sie Gläubiger sofort auf Ihre Zahlungsschwierigkeiten aufmerksam und suchen Sie mit professioneller Hilfe nach Lösungen. Andernfalls kann Folgendes passieren:

- Post vom Inkassobüro oder vom Gericht: Unter Inkasso versteht man das Eintreiben fälliger finanzieller Forderungen. Inkassogeschäfte werden meist durch Banken oder darauf spezialisierte Inkasso-Unternehmen abgewickelt. Letztere kaufen dem Gläubiger seine Forderungen ab und/oder ziehen diese für ihn ein. Sie werden in der Regel von Unternehmen beauftragt, ausstehende finanzielle Forderungen gegenüber anderen Betrieben oder Privatleuten geltend zu machen. Gegen eine Provision treiben sie also im Namen ihres Auftraggebers

Schulden ein. Der Unterschied zum Gerichtsvollzieher besteht darin, dass dieser erst nach einem gerichtlichen Vollstreckungsurteil tätig wird, Inkasso-Unternehmen dagegen bereits davor.

Inkassobüro

Inkassobüros sind in der Regel seriös um die Klärung des Problems bemüht. Es gibt aber auch schwarze Schafe in der Branche. Bei denen reicht das Spektrum der Maßnahmen von moralischem Druck über die Belästigung des Arbeitgebers bis hin zu breitschultrigen Männern, die überraschend »zu Besuch« kommen. Dies sind aber die Ausnahmen.

Was tun also, wenn Sie als Schuldner mit einem Inkasso-Dienst zu tun bekommen? Lassen Sie sich zunächst unbedingt die Inkasso-Vollmacht Ihres Gläubigers zeigen. Ohne dieses Papier sollten Sie mit dem Inkasso-Unternehmen überhaupt nicht verhandeln. Verlangen Sie eine detaillierte Aufstellung der Forderungen. Zahlen Sie keinen Cent, bevor Sie sich nicht mit der Verbraucherzentrale oder einer anderen Schuldnerberatung unterhalten haben. Achtung! Kosten und Auslagen trägt grundsätzlich der Gläubiger gegenüber dem Inkasso-Unternehmen. Der Schuldner muss sie im Rahmen seiner Erstattungsfähigkeit dem Gläubiger ersetzen. Das Inkasso-Unternehmen rechnet also nicht mit Ihnen als Schuldner direkt ab. Wenn doch, dann verweigern Sie die Zahlung und setzen sich mit dem Gläubiger in Verbindung.

Mahnungen ernst nehmen

Reagieren Sie nicht auf außergerichtliche Mahnungen, kann Ihr Gläubiger statt des Inkasso-Dienstes auch einen Mahnbescheid beim Amtsgericht beantragen. Gegen diesen Mahnbescheid können Sie innerhalb von zwei Wochen Widerspruch einlegen. In diesem Fall geht die Angelegenheit vor Gericht. Erheben Sie keinen Widerspruch, dann beantragt der Gläubiger bei Gericht einen Vollstreckungsbescheid. Gegen diesen können Sie innerhalb von zwei Wochen Einspruch einlegen, dann kommt es zu einem Zivilprozess. Verzichten Sie auf einen Widerspruch, dann wird der Vollstreckungsbescheid rechtskräftig. In diesem

Fall können Sie keine Einwendungen mehr vorbringen. Das gilt in der Regel selbst dann, wenn die Forderung des Gläubigers überhöht ist oder gar nicht besteht. Ob ein Widerspruch oder Einspruch Sinn macht, hängt vom Einzelfall ab. Andernfalls erhöht er nur die Kosten, die Sie dann letztlich zu tragen haben.

! Der Gläubiger hat mit dem Vollstreckungsbescheid ein Dokument in der Hand, das den Schuldner verpflichtet, Geld an ihn zu zahlen.

Zwangsvollstreckung

Dieser so genannte Vollstreckungstitel ist die Voraussetzung dafür, dass Ihr Gläubiger gegen Sie eine Zwangsvollstreckung durchführen kann. Der Vollstreckungsbescheid verjährt grundsätzlich erst nach 30 Jahren. Der Gläubiger bestimmt Beginn, Art und Umfang der Vollstreckung. In der Regel wird er einen Anwalt beauftragen, der die Sache für ihn in die Hand nimmt. Das kostet Geld. Und das wird sich Ihr Gläubiger von Ihnen zurückholen wollen.

Lohnpfändung

- Lohnpfändung droht: Liegt ein Vollstreckungsbescheid gegen Sie vor, kommt es häufig zu Lohn- und Gehaltspfändung. Das bedeutet, Ihr Arbeitgeber erfährt von den Schulden und muss die pfändbaren Beträge der nächsten und der folgenden Lohn- und Gehaltszahlungen an den Gläubiger abführen, so lange, bis die Forderung ausgeglichen ist. Die Pfändung erfolgt gleich nach Zustellung des Pfändungsbeschlusses.

Pfändungsfreie Beträge

Für Lohn und Gehalt gibt es jedoch pfändungsfreie Beträge, die seit Juli 2005 erhöht wurden: Alles, was bei einem Ledigen über 989 Euro an Einkommen vorhanden ist, darf gepfändet werden. Bei Eheleuten und Familien erhöht sich der Betrag entsprechend: Die monatlichen Freibeträge steigen für die erste Person, der Unterhalt gewährt wird, um 370 Euro (früher: 350 Euro) und für die zweite bis fünfte unterhaltsberechtigte Person um je 206 Euro (früher: 195 Euro). Von dem über diesen Freibeträgen liegenden Nettogehalt werden je nach Anzahl der unterhaltsberechtigten Personen bis zu zwei Drittel an den Gläubiger abgeführt.

Tipp

Nicht komplett oder gar nicht pfändbar sind Überstundenvergütungen, Weihnachtsgeld, Urlaubsgeld, Zulagen und Spesen. Auch Sozialhilfe, ALG II, BAföG und Erziehungsgeld sind komplett tabu. Kindergeld kann nur von dem Kind gepfändet werden, für das es gedacht ist. Nicht pfändbar sind bei Arbeitnehmern zudem Einzahlungen für die Riester-Rente, betriebliche Leistungen für die Altersvorsorge und auch Beiträge für Vermögenswirksame Leistungen (VL-Sparen). Die Berechnung des Pfändungsbetrags ist sehr kompliziert. Oft werden hierbei Fehler gemacht. Die Schuldnerberatung hilft Ihnen bei der Prüfung, ob auch alles bei Ihnen verbleibt, was Ihnen zusteht.

!

Renten können dagegen zum Teil unter den Hammer kommen.

Lohnabtretung

Neben Lohnpfändungen sind auch Lohnabtretungen möglich. Häufig lassen sich Banken bei Verbraucherdarlehen Lohnabtretungen unterschreiben. Kommt der Schuldner dann später mit der vereinbarten Rückzahlung nicht nach – ist also beispielsweise schon mit der zweiten Rückzahlungsrate im Rückstand – kann der Gläubiger die Lohnabtretung dem Arbeitgeber zuschicken (im Rechtsdeutsch »offenbaren«). Von diesem verlangt er die Auszahlung der pfändbaren Beträge. Anders als bei der Lohnpfändung benötigt der Gläubiger bei der Lohnabtretung vorher keinen Vollstreckungsbescheid. Die Vorlage (»Offenbarung«) der Lohnabtretung beim Arbeitgeber genügt. Der Arbeitgeber muss und darf eine Lohnabtretung jedoch nicht bedienen, wenn im Arbeitsvertrag eine Abtretung ausgeschlossen wurde. Dagegen ist der Arbeitgeber gesetzlich immer zur Lohnpfändung gezwungen, wenn ihm ein Pfändungs- und Überweisungsbeschluss des Gerichts vorliegt.

»Sachfindung«

Ein weiterer Weg der Vollstreckung ist die so genannte Sachfindung. Hier erhält der Gerichtsvollzieher von dem Gläubiger den Auftrag, in Ihrer Wohnung zu überprüfen, ob Verwertbares vorhanden ist. In der Regel wird der Gerichtsvollzieher seinen Besuch ankündigen. Beim ersten Besuch kann er sich weder wenn er vor verschlossener Tür steht noch wenn Sie ihm den Zugang verweigern, zwangsweise Eintritt in die Wohnung verschaffen. Unmittelbare Folge ist jedoch, dass er sich einen entsprechenden Gerichtsbeschluss besorgt. Beim zweiten Besuch kann er sich dann, notfalls mit Unterstützung der Polizei und eines Schlüsseldienstes, Zugang zu Ihrer Wohnung verschaffen. Dies verteuert natürlich die Vollstreckung. Deshalb ist Ihnen zu raten, eine entsprechende Benachrichtigung durch den Gerichtsvollzieher ernst zu nehmen und, falls Sie den angekündigten Termin aufgrund von Krankheit oder Berufstätigkeit nicht wahrnehmen können, auf jeden Fall Rücksprache mit dem Gerichtsvollzieher zu halten.

Unpfändbare Gegenstände

Sie müssen nicht befürchten, nach dem Besuch des Gerichtsvollziehers in einer leeren Wohnung zu stehen. Das Gesetz bestimmt eine Vielzahl von unpfändbaren Gegenständen. Dies reicht von Ihrem Bett über Lebensmittelvorräte bis hin zum Fernseher. Bei einem eventuell vorhandenen zweiten Fernsehgerät oder einem Computer wird der Gerichtsvollzieher abschätzen, ob bei einer Pfändung und späteren Versteigerung mehr erlöst wird als nur die Vollstreckungsgebühren. Auch Dinge, die Sie für Ihre berufliche Tätigkeit benötigen, das kann ein Computer oder ein Auto sein, sind grundsätzlich vor Pfändung geschützt.

!

Der Gerichtsvollzieher darf bei allen Gegenständen, die sich in Ihrer Wohnung befinden, davon ausgehen, dass diese Ihnen gehören. Haben Sie in Ihrer Wohnung Gegenstände, die im Eigentum eines Dritten stehen, so muss der Eigentümer der Gegenstände dies notfalls bei Gericht geltend machen.

Tipp

Nutzen Sie die Zeit nach der Benachrichtigung durch den Gerichtsvollzieher, um eine Schuldnerberatung aufzusuchen. Da es auch bei der Schuldnerberatung lange Wartezeiten gibt, so besteht in der Regel die Möglichkeit, in dringenden Fällen über offene Sprechstunden, Telefonberatung oder Kurzberatungen erste Tipps zur Vermeidung gravierender Fehler zu bekommen.

- Eine eidesstattliche Versicherung wird verlangt: Sind alle Sach-Pfändungsversuche bei Ihnen erfolglos verlaufen, wird zumeist ein Antrag auf Abgabe der eidesstattlichen Versicherung gestellt. Üblicherweise erfolgt dann auch die Abnahme der eidesstattlichen Versicherung. Dies erfolgt unmittelbar dann, wenn der Gerichtsvollzieher überprüft, ob Pfändbares vorhanden ist. Hierzu wird Ihnen in der Regel ein umfangreiches Formular vorgelegt, in dem Sie Auskunft über Ihre Konten, Ihren Arbeitgeber, bestehende Vermögenswerte sowie Kapitallebensversicherungen usw. geben müssen. Hier müssen und sollten Sie gewissenhaft, vollständig und richtig Auskunft geben. Falsche Angaben können strafrechtliche Konsequenzen für Sie haben. Sie sollten also Ihre Situation nicht dadurch verschlimmern, dass Sie das Risiko eingehen, es mit der Staatsanwaltschaft zu tun zu bekommen.

Eidesstattliche Versicherung

So peinlich sich das anhört: Dieser Akt hat viele Vorteile für einen Schuldner, bei dem wirklich nichts mehr zu holen ist. Denn: Wer auf diese Weise erklärt, dass bei ihm nichts mehr gepfändet werden kann, hat meistens erst einmal Ruhe vor seinen Gläubigern. Er braucht in der Regel für den Zeitraum von drei Jahren keine weitere eidesstattliche Versicherung abgeben. Die eidesstattliche Versicherung darf nur der Gerichtsvollzieher abnehmen. Inkassobüros sind hierzu nicht berechtigt. Sollten Sie sich weigern, eine gerichtlich angeordnete eidesstattliche Versicherung abzugeben, kann dies zwangsweise durchgesetzt werden.

Wenn Sie eine eidesstattliche Versicherung abgegeben haben, können Sie Ihre Gläubiger davon in Kenntnis setzen, dass Sie künftig keine Kosten für Gerichtsvollzieher und Kontenpfändung mehr tragen werden bzw. können.

> Sehr geehrte Damen und Herren,
>
> ich möchte Sie davon in Kenntnis setzen, dass ich am ... vor dem Amtsgericht ... eine eidesstattliche Versicherung abgegeben habe, aus der sich ergibt, dass ich über keinerlei pfändbare Vermögenswerte verfüge. Eine Zwangsvollstreckung wäre daher zum jetzigen Zeitpunkt fruchtlos.
>
> Ich weise darauf hin, um mögliche Kosten eines Vollstreckungsversuches zu verhindern. Diese Kosten sind nicht notwendig und daher von Ihnen zu tragen.
>
> Mit freundlichen Grüßen

Kontopfändung

Sehr unangenehm ist auch eine Kontopfändung. Ihr Gläubiger hat bei Vorliegen der Voraussetzungen für die Zwangsvollstreckung und Kenntnis Ihrer Bankverbindung die Möglichkeit, bei Gericht eine Kontopfändung zu beantragen. Ihre Bank oder Sparkasse erhält dann einen Pfändungs- und Überweisungsbeschluss. Das hat zur Folge, dass Ihr Kreditinstitut das Guthaben auf Ihrem Konto sperrt und Ihnen weder Geld auszahlt noch Ihre Überweisungen oder Daueraufträge ausführt. Alle Sozialleistungen, die auf dem Konto eingehen, kann sich der Schuldner innerhalb von sieben Tagen nach der Gutschrift auszahlen lassen. Dazu gehören alle Leistungen des Sozialamtes und das ALG I. Die Bank oder Sparkasse hat in diesem Zusammenhang dafür Sorge zu tragen, dass über die Sozialleistungen tatsächlich innerhalb der sieben Tage verfügt werden kann. Verpasst der Schuldner die Sieben-Tage-Frist, wird es schwierig. Hier hilft nur noch ein Freigabeantrag beim Sozialgericht, um für die verbleibenden Tage des Monats die Sozialleistungen anteilig ausgezahlt zu bekommen.

Gehen auf Ihrem Konto Arbeitseinkommen oder ALG I ein, dann passiert Folgendes: Wenn die Beträge sofort an der Quelle, d. h. beim Arbeitsamt oder bei Ihrem Arbeitgeber bereits gepfändet wurden, bekommen Sie nicht automatisch Zugang zu dem verbleibenden unpfändbaren Betrag. Zwar gilt die Regel, dass die Beträge, die bei Ihrem

Antrag beim Vollstreckungsgericht

Arbeitgeber nicht gepfändet werden können, auch auf dem Konto geschützt sein müssen, dieses Recht müssen Sie jedoch durch einen Antrag beim Vollstreckungsgericht innerhalb von 14 Tagen nach Zugang des Beschlusses bei der Bank beantragen. Häufig erfahren Sie aber erst, wenn Sie Geld abheben wollen, von der Pfändung. Dann ist Eile geboten: Lassen Sie sich von der Bank das Aktenzeichen und das Gericht, das den Pfändungs- und Überweisungsbeschluss erlassen hat, nennen. Dann können Sie bei Ihrem örtlichen Amtsgericht beantragen, dass der unpfändbare Betrag freigegeben wird. Nehmen Sie hierzu Ihre letzten Gehaltsabrechnungen oder ALG-I-Bescheide mit. Die Beamten an der Rechtsantragsstelle der Amtsgerichte unterstützen Sie bei der Formulierung der notwendigen Anträge.

Tipp

Achten Sie bei finanziellen Engpässen unbedingt darauf, dass Miet- und Energiekosten vorrangig bezahlt werden. Sonst drohen fristlose Kündigung und Stromabschaltung.

Wichtig: Treffen Sie mit Ihrem Gläubiger keine Zahlungsvereinbarungen, ohne vorher mit der Schuldnerberatung Ihr Vorgehen abgesprochen zu haben. Sie manövrieren sich unter Umständen sonst in eine noch schwierigere Situation.

3.2 Nur Schuldnerberatung kann wirklich helfen

Rechtzeitig Hilfe suchen

Lassen Sie es nicht erst so weit kommen, dass Sie sich mit Vollstreckungsbescheiden und Gerichtsvollziehern herumschlagen müssen. Wer rechtzeitig Rat sucht – Schulden schleichen sich nämlich meist langsam ein –, dem kann auch leichter geholfen werden als einem, der schon ganz tief in der Tinte sitzt. Allerdings ist in jeder Phase der Überschuldung noch Hilfe möglich! Sie dauert dann allerdings länger und erfordert sehr viel mehr Kraft und Ausdauer von den Beteiligten.

Um fachmännische und vor allem kostenlose Hilfe bei Schulden zu bekommen, kommen vor allem Schuldnerberatungsstellen in Betracht.

! Keinesfalls dürfen Sie sich jetzt auf Kreditvermittler oder unseriöse Schuldenregulierer einlassen, die an Ihnen verdienen wollen. Ihre Schulden werden Sie auf diese Weise nicht los!

Seriöse Schuldnerberatung

Leider ist auch die seriöse Schuldnerberatung in Zeiten knapper Zuschüsse und leerer Kassen nicht immer und überall kostenfrei. Teilweise werden Beiträge zu den entstehenden Portokosten o. Ä. verlangt. Dabei wird jedoch in der seriösen Schuldnerberatung immer Ihre finanzielle Situation berücksichtigt. Sind Sie nicht leistungsfähig und werden dennoch Gebühren von Ihnen verlangt, dann sollten Sie misstrauisch werden. Seriöse Beratung finden Sie zum Beispiel beim Diakonischen Werk, bei der Caritas, der Arbeiterwohlfahrt, dem Deutschen Roten Kreuz, dem Deutschen Paritätischen Wohlfahrtsverband, den Verbraucherzentralen und bei Städten und Landkreisen. Auch eine ganze Reihe von gemeinnützigen Vereinen bieten Schuldnerberatung an.

Tipp Adressen erfahren Sie bei der Bundesarbeitsgemeinschaft für Schuldnerberatung (siehe Adresse im Anhang).

Zahlreiche Informationen und Adressen für seriöse Schuldnerberatung liefert auch die kostenlose Broschüre des Bundesfamilienministeriums »Was mache ich mit meinen Schulden?« (www.bmfsfj.de), die Online-Beratung des Bundesfamilienministeriums (www.bmfsfj.de/Politikbereiche/familie,did=3866.html) sowie das Buch der Verbraucherzentrale Nordrhein-Westfalen »Geschafft: Schuldenfrei!« zum Preis von 7,80 Euro (www.ratgeber-verbraucherzentrale.de).

Gemeinsam mit dem Schuldner versuchen die Fachleute, die Schulden in den Griff zu bekommen. Außerdem helfen sie ihren Klienten auch, familiäre und seelische Probleme zu bewältigen, die aufgrund der Überschuldungssituation entstanden sind.

Weil Überschuldung viele Ursachen hat, können Schuldnerberater keine Patentrezepte anbieten. Im Normalfall liefern sie ein Vier-Punkte-Programm:

Damit können Sie bei der Schuldnerberatung rechnen

1. Finanzielle und rechtliche Beratung: Hier wird zunächst geprüft, ob die Forderungen der Gläubiger gerechtfertigt sind. Sie werden dabei unterstützt, laufende Einnahmen und Ausgaben von überflüssigem Ballast zu befreien, zum Beispiel, unnötige und zu teure Versicherungen zu kündigen und gegebenenfalls mögliche Sozialleistungen zu beantragen.

2. Lebenspraktische Beratung: Hier geht es um Ihre persönliche Haushaltsführung. Gemeinsam wird geklärt, ob Sie etwa durch Überstunden oder zusätzliche Arbeit Ihre Einnahmen erhöhen und zugleich mit preiswerterem Einkaufen die Ausgaben senken können. Der Berater stellt Ihnen außerdem einen Haushaltsplan zusammen.

3. Psychologische Hilfe: Sie durchforstet, was hinter der Schuldenmacherei steckt. Denn oft sind Schulden nicht nur die Ursache, sondern auch die Folge von Problemen: Kaufwut gegen Frust etwa. Der Berater hilft Ihnen, mit solchen persönlichen Schwächen umzugehen, um zu verhindern, dass Sie weiter Geld ausgeben, das Sie gar nicht haben.

4. Vorbeugende Maßnahmen: Sie sorgen mit Tipps und Anregungen dafür, dass Einnahmen und Ausgaben künftig ausgeglichen bleiben. So sollten Sie beispielsweise versuchen, Ihre persönliche Einstellung zum Konsum zu hinterfragen.

Durchhaltevermögen erforderlich

Über eines müssen sich Schuldner jedoch klar sein: Eine Beratung zieht sich in der Regel über mehrere Jahre hin und verlangt von beiden Seiten viel Durchhaltevermögen. Wem es im Prinzip gleichgültig ist, dass er Schulden hat, bei dem wird die Beratung nicht viel bringen. Und wer mit seinem Berater menschlich nicht harmoniert, wer nicht über Persönliches reden kann oder will, bei dem läuft die Beratung ebenfalls ins Leere.

Forderungen rechtmäßig?

Zu Beginn seiner Arbeit wird der Schuldnerberater prüfen, ob Sie schon alle gesetzlich möglichen Sozialleistungen ausgeschöpft haben und ob alle offenen Forderungen der Gläubiger rechtmäßig sind. Dazu gehört zum Beispiel die Prüfung auf Sittenwidrigkeit von abgeschlossenen Darlehensverträgen. Gegebenenfalls können rechtliche Maßnahmen gegen Gläubiger ergriffen werden. Wenn nicht, wird versucht, realistische Rückzahlungsmöglichkeiten zu finden. Drohen Zwangsmaßnahmen, zum Beispiel Zwangsvollstreckung oder Zwangsräumung der Wohnung, wird der Berater versuchen, dies abzuwenden. Und schließlich erfolgt eine Aufstellung der verbleibenden Schulden. Sie bekommen also »Hilfe zur Selbsthilfe« und lernen, besser mit Geld und Gläubigern umzugehen.

Tipp

Schon vor einer Darlehensaufnahme können Sie sich in einer Schuldnerberatungsstelle oder bei der Darlehensberatung der Verbraucherzentrale Tipps holen, um gar nicht erst in finanzielle Not zu geraten.

Schuldenbereinigungsplan

In der Schuldnerberatung wird zunächst versucht, sich auf der Grundlage eines so genannten Schuldenbereinigungsplanes gütlich mit den Gläubigern zu einigen. Wie konkret die Rückzahlung vonstatten geht, hängt vom Einzelfall und von den Gläubigern ab. Wenn die Schuldenbereinigung Erfolg haben soll, müssen alle Gläubiger in den außergerichtlichen Einigungsprozess einbezogen werden.

Gelingt die Entschuldung auf diese Weise nicht, weil sich etwa Gläubiger nicht darauf einlassen wollen, geht das so genannte Verbraucherinsolvenzverfahren in seine zweite Stufe. Hier müssen Sie gemeinsam mit Ihrem Berater beim zuständigen Insolvenzgericht den Antrag auf das gerichtliche Verfahren stellen. Dabei müssen Sie folgende Unterlagen vorbereiten:

Erforderliche Unterlagen

- eine Bescheinigung der Schulderberatung darüber, dass der außergerichtliche Versuch in den vergangenen sechs Monaten gescheitert ist,
- den Antrag auf so genannte Restschuldbefreiung,
- eine Übersicht über Ihr Einkommen und Vermögen,
- ein Verzeichnis aller Gläubiger und ihrer Forderungen,
- ein zweiter Schuldenbereinigungsplan (kann mit dem ersten übereinstimmen),
- die Erklärung über Richtigkeit Ihrer Angaben,
- die Abtretungserklärung für Treuhänder und
- gegebenenfalls einen Antrag auf Stundung der Verfahrenskosten.

Vor der Eröffnung des Verfahrens unternimmt das Gericht den Versuch, eine einvernehmliche Lösung ohne Verfahren herbeizuführen. Der Vorteil ist, dass jetzt nur noch die Hälfte der Gläubiger mit der Hälfte der Gesamtforderung gegen Sie dem Schuldenbereinigungsplan zustimmen muss. Gläubiger, die sich überhaupt nicht äußern, werden so behandelt, als ob sie zugestimmt hätten. Für den Zeitraum der Verhandlungen ruht der Antrag auf Eröffnung des Insolvenzverfahrens.

Insolvenzverfahren

Gelingt die Einigung, hat der angenommene Schuldenbereinigungsplan den Status eines Vergleichs. Gelingt dies nicht, beginnt das Insolvenzverfahren vor Gericht. Es nennt sich zwar »vereinfachtes« Verfahren (gegenüber gewerblicher Insolvenz), ist aber immer noch kompliziert genug.

Tipp

Da am Anfang die Kostenfrage geklärt wird und Sie als Schuldner für die Gerichtskosten zuständig sind, müssen Sie einen Antrag auf Stundung stellen, falls weder Sie noch ein Dritter in der Lage sind, die Kosten zu tragen.

Als Erstes wird noch vorhandenes Sach- und Geldvermögen verwertet. Dabei gelten die normalen Regeln der Zwangsvollstreckung. Dies bedeutet, dass der normale Hausrat und die Riester-Versicherung nicht verwertet werden kann. Danach müssen Sie sechs Jahre den pfändbaren Anteil Ihres Einkommens abgeben. Des Weiteren müssen

Sie von einer eventuellen Erbschaft die Hälfte zur Begleichung von gestundeten Kosten und Forderungen der Gläubiger abgeben.

Sechs Jahre »wohl verhalten«

Nur wenn Sie sich im Laufe von sechs Jahren – die Dauer des Gerichtsverfahrens von sechs bis 12 Monaten wird dabei angerechnet – gegenüber Ihren Gläubigern »wohl verhalten«, also jeden Job annehmen, fleißig arbeiten und jeden möglichen Cent, der pfändbar ist (siehe oben) dem Treuhänder überlassen, wird Ihnen anschließend die Restschuld erlassen. Das geschieht auch gegen den Willen des Gläubigers und ohne dass er Ersatz für seinen Verlust bekommt. Ausgenommen von der Restschuldbefreiung sind nur Geldbußen und Geldstrafen sowie Forderungen wegen einer vorsätzlichen und unerlaubten Handlung (z. B. Betrug oder vorsätzliche Körperverletzung).

✓

In fünf Schritten sind Sie die Schulden los

	ja	nein
1. Versuch der außergerichtlichen Einigung mit Hilfe eines Schuldenbereinigungsplans	☐	☐
Ja: Private Entschuldung ohne Gericht		
Nein: Gerichtliches Verfahren beantragen (siehe Schritt 2)		
2. Gerichtlicher Schuldenbereinigungsplan ohne Verfahren	☐	☐
Ja: Gläubiger stimmen zu; Entschuldung läuft nach diesem Plan		
Nein: Vereinfachtes Insolvenzverfahren beginnt		

3. Im Rahmen des Verfahrens wird die Restschuldbefreiung beantragt	☐	☐
Ja: Der Restschuldbefreiung wird zugestimmt; es beginnt die Wohlverhaltensperiode		
Nein: Die Restschuldbefreiung wird versagt; alles war umsonst		
4. 6-jährige Wohlverhaltensperiode mit Zahlungen an Gericht und Gläubiger	☐	☐
Ja: Sie halten durch und können danach die Restschuld erlassen bekommen (siehe Schritt 5)		
Nein: Sie halten nicht durch: Restschuldbefreiung wird versagt		
5. Sie werden von Ihrer Restschuld befreit		
Geschafft! Endlich schuldenfrei!		

Das wichtige Thema Entschuldung wird auch in dem Ratgeber der Verbraucherzentrale »Geschafft! Schuldenfrei« zum Preis von 7,80 Euro behandelt. Bestellungen unter www.ratgeber-verbraucherzentrale.de.

Top-Tipps Geldbeschaffung

- Bevor Sie zu Zwecken der Geldbeschaffung zur Bank gehen, versuchen Sie alternative Geldquellen anzuzapfen.
- Oft lassen sich eigene Ersparnisse, Wertpapiere und Wertsachen vorübergehend verflüssigen, ohne dass sich daraus größere Nachteile ergeben. Geldanlagen lassen sich zum Beispiel beleihen.

- Strapazieren Sie Ihren Dispokredit nicht dauerhaft – das ist eine teure Form von Darlehen. Oft führen überzogene Girokonten direkt in die Überschuldung. Also Vorsicht!
- Wenn Sie Geld von Freunden und Verwandten borgen, dann sollten Sie einen Vertrag aufsetzen, in dem die wichtigsten Eckpunkte wie Summe, eventuell die Zinsen, Rückzahlungsmodalitäten u. Ä. geregelt sind.
- Wertsachen – vor allem solche mit Andenkenwert – sollten Sie nur im äußersten Notfall veräußern. Wertsachen bringen meist nicht annähernd so viel, wie sie glauben. Denken Sie daran: Im Auktionshaus werden Gebühren fällig.
- Besser ist es, Sie bringen Wertsachen kurzfristig ins Pfandhaus. Über einen längeren Zeitraum wird diese Art von Darlehen sehr teuer.
- Ein Darlehen sollten Sie nur bei wirklich wichtigen und unaufschiebbaren Vorhaben aufnehmen. Ansonsten gilt grundsätzlich immer: Erst sparen, dann kaufen.
- Bei jedem Darlehen müssen Sie unbedingt auf den effektiven Jahreszins achten. Er gibt näherungsweise Überblick über die tatsächlichen Kosten, die auf Sie zukommen. Achtung: Oft ist mit weiteren Kosten, beispielsweise durch den Abschluss einer Restschuldversicherung als Sicherheit für die Bank, zu rechnen.

- Rechnen Sie auf jeden Fall vor der Aufnahme eines Darlehens durch, ob sie trotz Schuldendienst noch ihre Lebenshaltung bestreiten können. Unterm Strich muss ein ausreichend hoher Betrag für die Familie übrig bleiben.
- Wer in Zahlungsschwierigkeiten gerät, sollte sofort reagieren. Sprechen Sie mit der Bank und anderen Gläubigern über veränderte Möglichkeiten des Schuldenabbaus oder über eine Stundung. Stecken Sie nicht den Kopf in den Sand!
- Bei (drohender) Überschuldung sollte Ihr erster Gang der zu einer Schuldnerberatung sein. Hier bekommen Sie wertvolle Hinweise und können – falls gar nichts mehr hilft – ein privates Insolvenzverfahren eröffnen.
- Keinesfalls sollten Sie sich an eine unseriöse Schuldnerberatung wenden, da die an Ihnen verdienen will. Die Aufnahme neuer Darlehen und eventuell sogar Darlehen dubioser Anbieter führt meist zu nichts als weiteren Schulden.
- Sollten Sie kein Darlehen mehr von der Bank bekommen, so ist dies ein Warnzeichen. Dann sollten Sie eine Schuldnerberatung aufsuchen. In jedem Fall Hände weg von vermeintlich einfachen Lösungen und Angeboten wie »Sofort-Kredit« oder »Kredit ohne Schufa«.

Kapitel 7
Kinder in Ausbildung

Wenn Kinder eine Berufsausbildung beginnen, bedeutet das oftmals noch nicht, dass sie finanziell von ihren Eltern unabhängig werden. Wir sind weiter vorn schon auf die Kosten für ein Studium eingegangen. Es gibt einige Geldquellen, auf die Eltern und Kinder zurückgreifen können. Günstig ist es, wenn Sie selbst finanziell vorgesorgt haben, wie in Kapitel 5 beschrieben. Daneben gibt es aber noch eine Reihe weiterer Einnahmequellen, die Eltern finanziell entlasten.

1. Auszubildendenvergütung

Wer eine Lehre beginnt, wird laut Ausbildungsvertrag Arbeitnehmer – und hat ein Anrecht auf Bezahlung. Allerdings differiert das Einkommen von Azubis von Branche zu Branche doch erheblich. Unternehmen, die tariflich bezahlen (müssen), sind an die entsprechenden Vorgaben aus ihrem Tarifvertrag gebunden. In anderen Unternehmen kann die Bezahlung deutlich davon abweichen. Der Grund: Tarifverträge gelten nur für Unternehmen, die einem der Arbeitgeberverbände angeschlossen sind, die mit den Gewerkschaften die Tarife aushandeln. Ist ein Betrieb dort nicht Mitglied, dann bestimmt der Arbeitgeber allein die Ausbildungsvergütung. Laut Berufsbildungsgesetz muss sie aber »angemessen« sein. Die Gerichte interpretieren das so, dass die Ausbildungsvergütung mindestens 80 Prozent der ortsüblichen Vergütung für Azubis in dem betreffenden Beruf betragen muss.

Tipp

Grundsätzlich gilt, was im Ausbildungsvertrag steht. Gibt es im Betrieb einen Tarifvertrag oder eine Betriebsvereinbarung, in der mehr Ausbildungsentgelt als üblich vereinbart ist, dann zählt diese Summe. Wer weniger bekommt, als »angemessen« ist, sollte sich bei der für die Branche zuständigen Gewerkschaft beraten lassen und gegebenenfalls Rechtshilfe einholen.

Ausbildungsvergütung Ost und West unterschiedlich

Die durchschnittliche Ausbildungsvergütung beträgt 617 Euro (Alte Bundesländer) und 526 Euro (Neue Bundesländer). In ausgewählten Berufen beträgt sie:		
Beruf	Vergütung* Alte Bundesländer (Euro)	Vergütung* Neue Bundesländer (Euro)
hoch		
Binnenschiffer**	1.008	1.008
Maurer, Zimmerer, Straßenbauer	833	679
Gerüstbauer	817	684
Drucker**	814	814
Versicherungskaufmann**	796	796
niedrig		
Tischler	491	372
Bäcker	457	351
Florist	453	312
Frisör	414	257

* Durchschnitt über alle Lehrjahre
** in ganz Deutschland

Berufsschulzeit ist Arbeitszeit

Die Zeit, die Azubis in der Berufsschule verbringen, gilt als Arbeitszeit. Dabei gibt es jedoch unterschiedliche Regelungen für Jugendliche bis 17 Jahre und für Erwachsene ab 18. Für Jugendliche gilt: Dauert die Berufsschule länger als fünf Schulstunden, dann zählt der erste Tag mit Berufsschule innerhalb einer Woche wie ein ganzer Arbeitstag.

Beim zweiten Tag Berufsschule in einer Woche gilt: Nur die tatsächliche Unterrichtszeit (plus Pausen, aber ohne die Zeit für die Anfahrt zur und die Rückfahrt von der Schule) gilt als Arbeitszeit, danach ist ein Erscheinen im Betrieb notwendig.

Für Erwachsene gilt: Arbeitszeit ist grundsätzlich die Unterrichtszeit (plus Pausen und plus Zeit für die Anfahrt und Rückfahrt). Das gilt aber nur dann, wenn der Unterricht in der regulären Arbeitszeit stattfindet.

Überstunden Überstunden brauchen Lehrlinge grundsätzlich nicht machen, können sie aber, zumindest so lange, bis sie an die gesetzlich vorgegebene maximale Arbeitsgrenze stoßen. Die Überstunden können in der Regel entweder durch Freizeit an einem anderen Tag ausgeglichen oder zusätzlich zum Ausbildungsgehalt ausgezahlt werden. Aber Letzteres lohnt sich in den meisten Fällen trotz Überstundenzuschlag nicht. Da lohnt es sich auf jeden Fall eher, einen Nebenjob in der Zeit auszuüben.

! Wer mit seinem Geld nicht auskommt, kann einen Nebenjob annehmen. Aber Vorsicht: Dafür ist die Erlaubnis vom Chef notwendig.

Der Chef kann die Erlaubnis verweigern, wenn negative Auswirkungen auf die Ausbildung zu befürchten sind. Wer zum Beispiel abends in einem Kino Eis verkaufen will, aber am nächsten Morgen um fünf Uhr in der Bäckerei sein muss, bekommt diesen Job wahrscheinlich nicht genehmigt.

Tipp Wer an einer Berufsakademie studiert, ist Lehrling und Student zugleich. Er macht also nicht nur einen beruflichen und einen akademischen Abschluss, sondern bekommt für die gesamte Zeit auch Auszubildendenvergütung.

Eine andere Möglichkeit für Azubis, zusätzlich finanzielle Hilfe zu bekommen, ist die Berufsausbildungsbeihilfe. Allerdings ist diese an bestimmte Voraussetzungen gebunden: Wichtigste Voraussetzung ist, dass der Lehrling über 18 ist und nicht mehr zu Hause wohnt, dass er verheiratet ist oder ein Kind hat. Unter 18-Jährige können Beihilfe bekommen, wenn sie über eine Stunde von zu Hause bis zur Ausbildungsstelle unterwegs wären und deshalb von zu Hause ausgezogen sind. Die Berufsausbildungsbeihilfe gibt es bei der örtlichen Agentur für Arbeit. Die Agentur für Arbeit berechnet den Bedarf und zieht das Einkommen des Azubis und anteilig auch das Einkommen der Eltern davon ab. Liegt das so errechnete Einkommen unter dem Bedarf, kann es – vereinfacht ausgedrückt – Zuschüsse geben.

2. Bundesausbildungsförderung (BAföG)

Schüler nur in Ausnahmefällen

Schüler erhalten – wir sind in Kapitel 3 schon darauf eingegangen – nur in Ausnahmefällen laut Bundesausbildungsförderungsgesetz (BAföG) einen Zuschuss, z. B. dann, wenn sie nicht mehr zu Hause wohnen können, weil die Schule zu weit vom Elternhaus entfernt ist. Der Zuschuss braucht nicht zurückgezahlt und kann so lange in Anspruch genommen werden, wie die Schule besucht wird.

Studierende dagegen können, wenn sie die entsprechenden Bedingungen erfüllen, in der Regel ein zinsloses Staatsdarlehen in Anspruch nehmen, das zurückgezahlt werden muss. Die Dauer des Darlehens richtet sich hier nach der Regelstudienzeit. Wer also zu lange für den Abschluss braucht, muss mit Abstrichen rechnen.

Rückzahlungsbedingungen

Die Rückzahlungsbedingungen sind moderat und sozial. Unter anderem gilt hier:

- die Rückzahlungssumme ist auf 10.000 Euro begrenzt,
- die Rückzahlung beginnt erst fünf Jahre nach Studienabschluss,
- es gelten 20 Jahre Tilgungsfrist und monatliche Mindestraten von 105 Euro,
- die Rückzahlung wird ausgesetzt im Fall eines zu geringen Einkommens,
- Teile der Rückzahlung werden erfolgreichen und zügigen Studierenden erlassen.

! Nicht jede Ausbildung kann gefördert werden und nicht jeder Schüler bzw. Studierende erfüllt die Voraussetzungen. Wer zu Beginn der Ausbildung älter als 30 Jahre ist, geht ganz leer aus.

Für Vergabe gelten soziale Kriterien

Die Vergabe von BAföG unterliegt vor allem sozialen Kriterien. Das bedeutet: Ob jemand BAföG bekommt, hängt davon ab, ob seine eigenen finanziellen Mittel und die seiner Eltern (ggf. auch des Ehepartners) ausreichen, um seinen Ausbildungsbedarf zu decken. Dabei zählt nicht, was jemand tatsächlich zum Leben braucht, sondern die Geldsumme, die ein Auszubildender typischerweise für seinen Lebensunterhalt (Ernährung, Unterkunft, Bekleidung etc.) und seine Ausbildung (Lehrbücher, Fahrtkosten zur Ausbildungsstätte etc.) benötigt. Daraus hat der Staat den pauschalen Bedarf abgeleitet. Demnach haben zum Beispiel Studenten, die zu Hause wohnen, Anspruch auf maximal 377 Euro. Studenten, die nicht zu Hause wohnen, erhalten höchstens 466 Euro.

Voraussetzung für den Höchstbetrag

Diesen Höchstbetrag bekommt aber nur, wer selbst bzw. wessen Eltern oder Ehepartner wenig verdienen, und zwar

- Eltern bis 1.440 Euro,
- allein erziehender Elternteil bis 960 Euro,
- bei Geschwistern erhöht sich der Betrag um jeweils 435 Euro,
- Ehegatten bis 960 Euro,
- Kinder im Haushalt jeweils plus 435 Euro,
- eigener Verdienst bis jährlich 2.755 Euro (Schüler) bzw. 4.330 Euro (Student, ledig, ohne Kinder),
- bei verheirateten Studenten erhöht sich der Freibetrag um 480 Euro, mit Kindern um 435 Euro je Kind.

Die Berechnung, man ahnt es schon, ist äußerst kompliziert, zumal nicht das Brutto-Einkommen zugrunde gelegt wird, sondern das »Einkommen im Sinne des BAföG«.

Tipp Ein Versuch, BAföG zu beantragen, lohnt dennoch. Ansprechpartner sind die Ämter für Ausbildungsförderung, für Studenten in der Regel die Studentenwerke am Studienort.

Bewilligt wird der Zuschuss grundsätzlich für ein Jahr. Danach sind neue Nachweise nötig.

Junge Erwachsene, die vor ihrem Studium bereits gearbeitet haben, können so genanntes elternunabhängiges BAföG bekommen, wenn sie

- fünf Jahre berufstätig waren oder
- drei Jahre Berufsausbildung und drei Jahre Job hinter sich gebracht haben.

Auch der berufliche Aufstieg wird staatlich gefördert, durch das so genannte Meister-BAföG.

Tipp

Hier geht es vor allem darum, Existenzgründungen im Handwerksbereich zu fördern. Wer diese Finanzspritze in Anspruch nehmen kann und wo Anträge gestellt werden können, erfahren Sie auf den gemeinsamen Seiten des Bundesbildungs- und des Bundeswirtschaftsministeriums unter www.meister-bafoeg.info/bafoeg_default.htm. Dort kann auch eine Broschüre heruntergeladen oder als Druckstück bestellt werden.

3. Elternunterhalt

Anspruch der Jugendlichen

Jugendliche, die kein BAföG bekommen, weil die Eltern zu viel verdienen, haben Anspruch darauf, von diesen finanziell unterstützt zu werden. Denn: Verwandte in direkter Linie sind einander zum Unterhalt verpflichtet. Eltern müssen daher ihre Kinder unterhalten. Wie es sich bei getrennt lebenden Eltern verhält, haben wir schon in Kapitel 4 erläutert.

Minderjährige Kinder verfügen bis zum Schulabschluss normalerweise über kein eigenes Einkommen. Sie sind also bedürftig und müssen daher von ihren Eltern unterhalten werden. Die Eltern erfüllen ihre Unterhaltspflicht dadurch, dass sie dem Kind Wohnung gewähren, es verpflegen, es kleiden und es auch im Übrigen »rundum« versorgen. Man nennt diese Form des Unterhalts Naturalunterhalt. Bei älteren Kindern kommt die Zahlung eines Taschengeldes hinzu, worauf Kinder aber – wir kommen in

Kapitel 9 noch darauf zu sprechen – keinen Rechtsanspruch haben. Die Höhe des Taschengeldes bestimmen die Eltern entsprechend dem Alter des Kindes und ihren finanziellen Möglichkeiten.

! Einen Anspruch des Kindes auf Auszahlung oder Ansparung des staatlichen Kindergeldes gibt es nicht. Der Staat gewährt vielmehr den Eltern das Kindergeld, um ihnen die Erfüllung ihrer Unterhaltspflichten zu erleichtern.

Volljährige, unverheiratete Kinder sind bis zur Vollendung des 21. Lebensjahres den minderjährigen Kindern gleichgestellt, solange sie im Haushalt der Eltern leben und sich in der allgemeinen Schulausbildung (Gymnasium, Fachoberschule, nicht aber Berufsschule) befinden. Nach dem Schulabschluss haben sie einen Anspruch darauf, dass ihnen ihre Eltern eine ihren Begabungen entsprechende Ausbildung ermöglichen.

Tipp Finanzieren müssen die Eltern grundsätzlich nur eine Ausbildung. Zur Finanzierung einer Zweitausbildung sind die Eltern nur ausnahmsweise verpflichtet, so etwa wenn die Erstausbildung auf einer deutlichen Fehleinschätzung der Begabung des Kindes durch die Eltern beruht oder wenn die Erstausbildung oder das Erststudium aus gesundheitlichen Gründen abgebrochen werden musste.

Ansonsten sind volljährige Kinder nach Abbruch oder Abschluss einer Ausbildung in der Regel verpflichtet, ihren Lebensunterhalt selbst zu bestreiten.

Erst zu finanzierende Ausbildung

Zu der ersten, von den Eltern zu finanzierenden Ausbildung gehört aber auch die Weiterbildung in dem erlernten Beruf, wenn wegen des fachlichen Zusammenhangs von einer einheitlichen Gesamtausbildung gesprochen werden kann. Das ist zum Beispiel bei einem sich an einen Bachelor-Studiengang anschließenden Master-Studiengang der Fall. Dabei ist es unerheblich, ob der Entschluss zur Weiterbildung von vornherein feststeht oder erst nach Beginn des Studiums gefasst wird. Es genügt, wenn der erst später entstandene Wunsch auf Weiterbildung sofort nach dem

Ende der ursprünglichen Ausbildung in die Tat umgesetzt wird.

!

Die Abgrenzung von Weiterbildung und Zweitausbildung ist oft schwierig und muss im Einzelfall entschieden werden. Die Gerichte neigen jedoch erfahrungsgemäß zu Großzügigkeit gegenüber den Kindern.

Als einheitliche Ausbildung, die von den Eltern insgesamt zu finanzieren ist, sind zum Beispiel anerkannt worden: die Ausbildung zum Bauzeichner und das anschließende Studium der Architektur; aber auch Abitur, Banklehre und anschließendes Jura- oder Betriebswirtschaftsstudium. Als »echte«, nicht mehr von den Eltern zu finanzierende Zweitausbildung wurden beispielsweise

Zu finanzierende Zweitausbildung

- ein Psychologiestudium nach einer Ausbildung zum Finanzinspektor;
- ein Studium zur Grundschullehrerein nach der Ausbildung zum Kaufhaussubstituten und
- eine Ausbildung zur Arzthelferin, das Nachholen des Abiturs auf dem 2. Bildungsweg und ein Medizinstudium

gewertet.

Ob dies auch künftig so sein wird, scheint in Zeiten, in denen die berufliche Weiterqualifizierung immer wichtiger wird, zweifelhaft.

Grundsätzlich ist festzuhalten, dass sich der Naturalunterhalt – je älter das Kind wird – allmählich in einen Barunterhalt wandelt. Die Versorgungsleistungen werden mit zunehmendem Alter des Kindes mehr und mehr durch die Zahlung von Geldbeträgen seitens der Eltern ersetzt.

Tipp

Auswärts wohnenden Studenten muss zum Zwecke der Finanzierung ihres Studiums monatlich ein Geldbetrag von den Eltern zur Verfügung gestellt werden. Naturalleistungen wie Lebensmittel reichen zu für den Unterhalt nicht aus. Der Gesamtbedarf eines nicht mehr bei den Eltern wohnenden Studenten wird von den Gerichten derzeit mit monatlich 640 Euro bemessen.

Macht ein unverheiratetes Kind Unterhaltsansprüche gegen seine Eltern geltend, so bestimmen diese unter Berücksichtigung der Belange des Kindes die Art und die Form der Unterhaltsgewährung. Dies gilt – was oft nicht beachtet wird – auch gegenüber volljährigen Kindern. Ein 19-jähriger Schüler kann also nicht ohne weiteres und nicht ohne triftigen Grund zu Hause ausziehen und von seinen Eltern die Finanzierung einer eigenen Wohnung verlangen. Vielmehr können die Eltern bestimmen, dass sie ihm Unterhalt durch Gewährung eines Zimmers in ihrer Wohnung, durch Verpflegung und darüber hinaus durch Zahlung eines angemessenen Taschengeldes gewähren.

Nur aus besonderen Gründen (siehe Kasten) kann das Familiengericht auf Antrag des Kindes die Bestimmung der Eltern ändern.

Besondere Gründe für Elternunterhalt

- Gewalttätigkeiten der Eltern gegen das Kind,
- tief greifende vom Kind nicht verschuldete Entfremdung zwischen ihm und den Eltern und
- die Notwendigkeit eines auswärtigen Studiums.

Nicht ausreichend als »besondere Gründe« sind berechtigte Ermahnungen und Vorhaltungen der Eltern wegen ungenügender Schulleistungen oder übermäßigen Alkoholkonsums der Kinder.

Tipp

Haben die Eltern dem Kind – wie oben beschrieben – eine angemessene Ausbildung finanziert, so ist das Kind nach deren Abschluss grundsätzlich für sich selbst verantwortlich. Es muss sich um einen (notfalls auch berufsfremden) Arbeitsplatz innerhalb des gesamten Bundesgebietes bemühen. Erst wenn alle diese Bemühungen scheitern, kann es von seinen Eltern auch weiterhin Unterhalt verlangen.

4. Wie viel Nebenjob ist erlaubt?

Viele Studenten, die kein oder wenig BAföG bekommen und auch von den Eltern nicht ausreichend unterstützt werden (können), jobben neben dem Studium. Für den Verdienst aus Nebenjobs gibt es jedoch Grenzen, bei deren Überschreitung die verschiedenen Vergünstigungen wie BAföG, kostenfreie Mitversicherung in der Krankenkasse der Eltern oder Kindergeld verloren gehen.

4.1 Nebenjob und Sozialabgaben

»Mini-Job«

Die Begriffe »geringfügig entlohnte Beschäftigung« oder »Mini-Job« umfassen Arbeitsverhältnisse, die nur mit bis zu 400 Euro brutto pro Monat bezahlt werden. Dafür gilt: In diesem Verdienstbereich fallen für Arbeitnehmer keine Steuern oder Sozialabgaben an, sie erhalten brutto für netto. Arbeitgeber zahlen eine Pauschale von 25 Prozent mit folgender Aufteilung: 12 Prozent für die Rentenversicherung, 11 Prozent für die Krankenversicherung und 2 Prozent Steuern.

Tipp

Der Arbeitnehmer, auch Student, hat die Möglichkeit, den Pauschalbeitrag des Arbeitgebers für die Rentenversicherung von 12 Prozent aus eigenen Mitteln auf den aktuellen Wert aufzustocken und so weitere Ansprüche aus der gesetzlichen Rentenversicherung zu erwerben.

Seit 1.1.2005 wird die Umlage nach dem Entgeltfortzahlungsgesetz wegen Krankheits- und Kuraufwendungen von bisher 1,2 Prozent auf 0,1 Prozent abgesenkt. Bei Verdiensten zwischen 401 und 799 Euro pro Monat sind anteilig Abgaben zu zahlen. Einkünfte aus Beschäftigungsverhältnissen zwischen 400,01 Euro und 800 Euro (so genannter Niedriglohnbereich) werden – wie bisher auch – über die Lohnsteuerkarte versteuert und sind damit anzurechnendes Einkommen.

Beispiel

Beispiel: Bei 410 Euro Monatslohn sind 20 Euro Sozialabgaben fällig. Am Ende werden also nur 390 Euro ausgezahlt – weniger als bei einem Mini-Job. Von 450 Euro Monatslohn bleiben etwa 414 Euro übrig, bei 600 Euro sind es rund 505 Euro.

Bis 20 Stunden pro Woche

Für Studenten gilt zudem: Bei Studentenjobs von maximal 20 Wochenstunden im Semester fallen generell keine Sozialversicherungsabgaben an. Kurzfristige Beschäftigungen dürfen nicht länger als zwei Monate oder 50 Arbeitstage andauern. Sie unterliegen aber keiner Einkommensbeschränkung. Auch Pflichtpraktika während des Studiums sind generell versicherungsfrei.

4.2 Nebenjob und BAföG

Für Auszubildende, die Einkünfte aus Ferien- oder Nebenjobs haben und verhindern wollen, dass ihre BAföG-Leistungen gekürzt werden, gilt Folgendes:

Ledige, kinderlose Azubis

Bei einem ledigen, kinderlosen Auszubildenden, der Einkünfte erzielt, bleiben beim Besuch

- einer weiterführenden allgemein bildenden Schule, Berufsfachschule, Fach- oder Fachoberschulklasse, deren Besuch eine abgeschlossene Berufsausbildung nicht voraussetzt, rund 2.632 Euro brutto,
- einer Abendhauptschule, Berufsaufbauschule, Abendrealschule, Fachoberschulklasse, deren Besuch eine abgeschlossene Berufsausbildung voraussetzt, rund 3.258 Euro brutto,
- einer Fachschulklasse, deren Besuch eine abgeschlossene Berufsausbildung voraussetzt, eines Abendgymnasiums, Kollegs, einer Höheren Fachschule, Akademie, Hochschule, rund 4.206 Euro brutto

jährlich anrechnungsfrei.

Tipp

Ist der Auszubildende verheiratet, werden weitere Freibeträge für den Ehegatten und/oder Kinder, sofern diese nicht selbst gefördert werden, angerechnet: für den Ehegatten monatlich 480 Euro und für jedes Kind monatlich 435 Euro.

Bei Auszubildenden, die kontinuierlich einem Mini-Job nachgehen und 400 Euro monatlich verdienen, ergeben sich folgende Abzüge von der Förderung: Bei

- Schülern einer weiterführenden allgemein bildenden Schule usw. rund 142 Euro monatlich,
- Schülern eines Abendgymnasiums usw. rund 101 Euro monatlich und
- Studierenden rund 39 Euro monatlich.

4.3 Nebenjob und Kindergeld

Wer mehr als 7.680 Euro im Kalenderjahr verdient, dessen Eltern verlieren den Anspruch auf Kindergeld. Auch wenn dieser Betrag nur um einen Euro überschritten wird, müssen die Eltern das Kindergeld für das gesamte Jahr zurückzahlen.

!

Darüber hinaus verlieren Eltern ihre eigenen Kinder- und Betreuungsfreibeträge, die Kinderzulage bei der Riester-Rente und Eigenheimzulage sowie im öffentlichen Dienst den Anteil am Ortszuschlag. Die finanziellen Nachteile können dann höher sein als das zusätzliche Einkommen durch den Ferienjob!

Tipp

Seit kurzem dürfen erwachsene Kinder mehr verdienen, ohne dass das Kindergeld gestrichen wird. Das geht aus einem Beschluss des Bundesverfassungsgerichts hervor (BVerfG vom 11.1.2005, 2 BvR 167/02).

Grenze von 7.680 Euro jährlich

Die Grenze von 7.680 Euro im Jahr, bis zu der Kindergeld oder andere steuerliche Vergünstigungen wie Kinderzulage bei der Eigenheimförderung in Anspruch genommen werden können, bleibt zwar erhalten. Als Berechnungsgrundlage wird aber statt wie bisher das Bruttoeinkommen künftig das Nettoeinkommen (Bruttoeinkommen minus Sozialversicherung) zugrunde gelegt, so dass Schüler, Studenten oder Auszubildende unterm Strich mehr verdienen dürfen.

4.4 Nebenjob und Krankenversicherung

Studenten mit monatlichen Einnahmen von mehr als 350 Euro bzw. Studenten, die eine geringfügige Beschäftigung bis 400 Euro ausüben (Mini-Job) und Studierende ab 25 Jahren (für Wehr- oder Ersatzdienstleister wird ein Jahr hinzugerechnet) müssen sich in der (gesetzlichen) studentischen Krankenversicherung selbst versichern.

! Allerdings gilt dies nur bis zur Vollendung des 30. Lebensjahres bzw. dem Ende des 14. Fachsemesters. Danach können Studenten sich freiwillig versichern – privat oder gesetzlich. In der gesetzlichen Krankenkasse müssen sie während einer Übergangszeit von sechs Monaten rund 95 Euro, danach um die 120 Euro monatlich bezahlen. Die Beiträge variieren je nach Beitragssatz der Kassen. In der Privatversicherung liegen die Beiträge – zumindest in speziellen Studententarifen – zum Teil deutlich darunter.

Preise bei allen Krankenkassen gleich

Die studentische Krankenversicherung ist bei allen gesetzlichen Krankenkassen gleich teuer. Zum 1.10.2005 haben sich die Beiträge der Krankenversicherung geringfügig (zugunsten der Studierenden) geändert, so dass bis zum 30.9.2006 bundesweit folgender einheitlicher Satz gilt:

- ein monatlicher Krankenversicherungsbeitrag von 47,53 Euro und
- ein monatlicher Pflegeversicherungsbeitrag von 7,92 Euro bzw. 9,09 Euro (für Kinderlose ab 23 Jahren).

Damit Studenten nicht mit dem Ende des Studiums ohne Versicherungsschutz dastehen, gilt der Versicherungsschutz auf jeden Fall bis zum Ende des Semesters, in dem das Studium beendet wird plus ein weiterer Monat. Wer in der Zeit bereits Arbeitnehmer wird, bei dem ersetzt die Versicherung darüber die studentische. Wer nicht sofort eine Stelle findet, muss daran denken, sich selbst zu versichern (freiwillig bei einer gesetzlichen Krankenversicherung oder privat). Wer sich arbeitssuchend meldet, für den bezahlt die Arbeitsagentur unter anderem die Beiträge zur Krankenversicherung.

Tipp

Endet die studentische Krankenversicherung, weil die Höchstgrenze (30. Geburtstag oder Ende des 14. Fachsemesters) erreicht ist, ist – für maximal sechs Monate – eine freiwillige Weiterversicherung zu einem vergünstigten Beitrag möglich. Voraussetzung ist dafür die weitere Einschreibung als Student. Danach gilt der Normaltarif entsprechend dem Einkommen.

Verlängerung des Versicherungsschutzes

Gründe, die zu einer Verlängerung des Versicherungsschutzes führen, müssen in der Art der Ausbildung begründet sein, zum Beispiel ein notwendiges Zweitstudium oder der Erwerb von Zugangsvoraussetzungen für den zweiten Bildungsweg. Daneben können familiäre Gründe wie Erkrankung, Behinderung oder Schwangerschaften in der Familie gelten. Auch persönliche Gründe wie die mehrfache Nichtzulassung zum Auswahlverfahren für einen Studienplatz oder die ehrenamtliche Mitwirkung in Hochschulgremien können dazu führen, dass die Frist verlängert wird.

Studienanfänger können sich auch auf Antrag von der Versicherungspflicht in der gesetzlichen Krankenversicherung befreien lassen und in die private Krankenversicherung wechseln.

!

Dieser Antrag muss unbedingt drei Monate nach Beginn der Versicherungspflicht bei der gesetzlichen Krankenkasse gestellt werden. Das kann die Einschreibung sein oder das Ende der Familienversicherung.

Da diese Erklärung nicht widerrufen werden kann, müssen Studenten für die folgenden Semester keinen gesonderten Antrag mehr stellen. Sie legen zum Beispiel bei der Einschreibung die Bescheinigung der Krankenkasse über die Befreiung von der Versicherungspflicht vor. Einen Nachweis darüber, dass sie sich privat krankenversichert haben, brauchen sie dabei zwar nicht, dennoch sollte auf einen lückenlosen Übergang von der gesetzlichen auf die private Krankenversicherung geachtet werden.

Normaltarif oder Studententarif

Studenten werden entweder in den Normaltarif der Privatversicherung oder in einen studentischen Tarif eingestuft. Der Vorteil des Normaltarifs besteht darin, dass bereits Altersrückstellungen gebildet werden. Da die meisten Studenten nach Abschluss ihres Studiums jedoch eine versicherungspflichtige Tätigkeit aufnehmen werden und somit wieder in der Krankenkasse pflichtversichert sind, hat das wenig Sinn. Nur wer von vornherein weiß, dass er sich zum Beispiel selbstständig machen wird, für den bringt die Einstufung in den Normaltarif Vorteile.

Die Höhe der Beiträge für die Studentenversicherung ist von Krankenversicherung zu Krankenversicherung unterschiedlich.

! Einige Unternehmen bieten studentische Tarife für neue Verträge nur bis zum 30. Lebensjahr an. Ansonsten reicht diese Spanne bis zum 34. Jahr.

Generell ist ein Versicherter mit Studententarif kein Privatversicherter im klassischen Sinne. Ihm stehen also weder Chefarztbehandlung noch ein Einzelzimmer im Krankenhaus zu. Die ärztlichen Leistungen sind auf das 1,7fache der Gebührenordnung, beim Zahnarzt auf das 2fache begrenzt.

! BAföG-Empfänger bekommen, auch wenn sie älter als 30 Jahre sind, nur den festen Zuschuss zur Kranken- und Pflegeversicherung von 55 Euro – obwohl sie in der Regel mehr für ihre Versicherung zahlen müssen.

Ob es für Studierende günstiger ist, sich privat oder gesetzlich krankenzuversichern, hängt vor allem von der familiären Situation ab. Grundsätzlich kann die Entscheidung nur zu Beginn des Studiums getroffen werden. Wer mit Kindern studiert, ist in der gesetzlichen Krankenversicherung besser aufgehoben, da Kinder hier beitragsfrei mitversichert sind. Ansonsten kann ein privater Studententarif Vorteile bringen, weil diverse Zuzahlungen entfallen. Wer mit über 30 noch studiert und aus der gesetzlichen Studentenversicherung herausfällt, ist – zumindest als Single – ebenfalls in der privaten Krankenversicherung gut aufgehoben, sofern diese für über 30-Jährige spezielle Tarife anbietet. Ein Vergleich ist auf jeden Fall sinnvoll.

4.5 Nebenjob und Steuern

Steuerfreibetrag beachten

Beim Jobben sollten Studenten unbedingt an den Steuerfreibetrag denken: Übersteigt der Verdienst die Grenze von 7.664 Euro im Jahr, werden Steuern fällig.

Wer als Schüler oder Student nur geringfügig in einem 400-Euro-Job beschäftigt ist, braucht in der Regel keine Lohnsteuer zu zahlen. Üblicherweise führt der Arbeitgeber für Sie als Mini-Jobber 2 Prozent des Bruttoverdienstes als einheitliche Pauschalsteuer ab. Damit sind Lohnsteuer, Kirchensteuer und Solidaritätszuschlag abgedeckt. Die Freistellungsbescheinigung, die in der Vergangenheit einigen geringfügig Beschäftigten die völlige Steuerfreiheit gewährte, galt nur für Abrechnungszeiträume bis 31.März 2003.

Tipp

In einigen Lohnsteuerklassen kann es für Arbeitgeber und Arbeitnehmer günstig sein, die Abrechnung über die Lohnsteuerkarte des Mini-Jobbers abzuwickeln. Ist auf Ihrer Lohnsteuerkarte die Steuerklasse I oder II eingetragen, fällt für Sie keine Lohnsteuer an und Ihr Gehalt wird ohne Abzüge ausgezahlt.

In den Steuerklassen III und IV ist die Besteuerung abhängig vom Einkommen des Ehepartners. Wenn Sie als Ehepartner beide noch andere hohe Einkünfte haben, kann das Finanzamt nachträglich noch Steuern auf das Mini-Job-Gehalt erheben. In den übrigen Steuerklassen V bis VI müssen Sie Ihr Gehalt schon bei geringem Verdienst voll versteuern.

Pauschale Lohnsteuer

Die dritte Alternative der Abrechnung ist die pauschale Lohnsteuer. Diese Variante greift nur dann, wenn Ihr Arbeitgeber für Sie als Mini-Jobber keine Pauschalbeiträge zur Rentenversicherung zahlt. Das kommt z.B. in den Fällen vor, die wegen der Zusammenrechnung mit einer weiteren geringfügigen Beschäftigung die Entgeltgrenze überschreiten und somit der Versicherungspflicht unterliegen. Die pauschale Lohnsteuer liegt dann bei 20 Prozent des Arbeitslohns, hinzu kommen Solidaritätszuschlag sowie gegebenenfalls die Kirchensteuer, für die in den einzelnen Bundesländern unterschiedlich hohe Sätze festgelegt sind.

5. Rabatte für Studenten

Befreiung von Rundfunkgebühren

Wer an der Uni eingeschrieben ist, kann mit dem Studentenausweis viel Geld sparen: Wer monatlich nicht mehr als den 1,5fachen örtlichen Sozialhilfesatz zur Verfügung hat, kann sich von den Rundfunkgebühren befreien lassen. Wer schon von der GEZ befreit ist, kann bei einigen Anbietern außerdem einen Sozialtarif für seinen Telefonanschluss beantragen. Auch Mobilfunkbetreiber haben Studentenpreise, das Angebot ist von Anbieter zu Anbieter jedoch sehr unterschiedlich. Fast alle Abonnements von Tageszeitungen und Magazinen gibt es im günstigen Studenten-Abo. Auch im öffentlichen Nahverkehr fahren Studenten mit preiswerten Monats- oder Jahreskarten.

Einige Reiseveranstalter (etwa STA-Travel oder SFI) haben nur Studenten im Visier und bieten Flüge in die ganze Welt – zum Dumpingpreis!

Tipp

Besorgen Sie sich dazu unbedingt den internationalen Studentenausweis. Das Plastik-Kärtchen kostet nur zehn Euro. Sie sparen bei Eintritten, Übernachtungen und vielem mehr.

Clubs und Diskotheken haben spezielle Studententage, die meistens in der Woche liegen. Auch Kinos, Theater und Musicals bieten oft Rabatte in allen Kategorien. Computer-Hard- und Software ist für Studenten günstiger: Gegen Vorlage des Studenten-Ausweises bekommt man viele Programme zu reduzierten Preisen. Die Recherche, welcher Laptop-Händler die Uni-Bescheinigung akzeptiert, lohnt sich. Auch die Gastronomie zeigt sich oft großzügig: 20 Prozent Studentenermäßigung auf jedes Gericht beim Griechen, Nachlässe auf alle Weinsorten beim Italiener – probieren macht schlau. Auch anderswo – etwa beim Fahrradhändler, beim Autoverleih oder bei Wohnungsbaugesellschaften – können Studenten Rabatte bekommen.

6. Studienkredit und Bildungskredit vom Staat

Immer mehr Bundesländer verlangen von Studenten Gebühren. Nachdem das Bundesverfassungsgericht im Januar 2005 das Verbot von Studiengebühren für verfassungswidrig erklärt hat, liegt es im Ermessen der Länder, die Studenten zur Kasse zu bitten. Und das nicht nur für Langzeitstudenten, sondern ab dem ersten Semester. Einige Länder wie Nordrhein-Westfalen, Niedersachsen, Hamburg, Bayern und Baden-Württemberg planen die Einführung von Studiengebühren in Höhe von ca. 500 Euro pro Semester. Teilweise stehen schon Starttermine fest. Im Gegenzug bieten immer mehr Banken Studienkredite an. Wer kein BAföG und auch kein Stipendium einer Organisation oder Stiftung bekommt, für den wird angesichts steigender Kosten oft kein anderer Ausweg bleiben, als ein Darlehen für das Studium aufzunehmen.

Ca. 500 Euro pro Semester

6.1 Studienkredit

Der einzige bundesweit und unabhängig vom Studienfach vergebene Kredit wird derzeit laut Finanztest (Ausgabe 11/2005) von der Deutschen Bank angeboten. Eine Umfrage unter 100 Kreditinstituten hat ergeben, dass neben den acht Banken und Sparkassen, die zum Zeitpunkt des Tests bereits Angebote für Studienkredite hatten, zahlreiche weitere Entsprechendes planen. Die Sparkassen etwa wollen zum Wintersemester 2005/2006 bereits flächendeckend die Möglichkeit bieten, einen Bildungskredit aufzunehmen. Die sieben Institute, die aktuell außer der Deutschen Bank Geld fürs Studium verleihen, geben nur Studenten aus einer bestimmten Region oder einer Hochschule ein Darlehen. Im November 2005 boten außer der Deutschen Bank folgende Institute einen Studienkredit an: Deutsche Darlehenbank, Flensburger und Frankfurter Sparkasse, Hannoversche Volksbank, Nord-Ostsee Sparkasse, Raiffeisenbank Ingolstadt und SEB (Quelle: Finanztest 11/2005, Stand Oktober 2005).

Anbieter

!

Die Rückzahlung des Darlehens kurz nach Abschluss des Studiums kann erhebliche Probleme mit sich bringen, zum Beispiel dann, wenn sich nicht gleich eine Stelle findet. Anders als beim BAföG wird beim Studiendarlehen auf Arbeitslosigkeit keine Rücksicht genommen.

Zwar sind die Zinsen deutlich günstiger als die für normale Darlehen, trotzdem summiert sich die Summe, wenn über ein, zwei oder gar fünf Jahre monatlich geborgtes Geld in Anspruch genommen wird.

Tipp

Finanztest rät daher davon ab, überstürzt ein Darlehen aufzunehmen. Studenten sollten erst einmal genau prüfen, ob nicht BAföG oder ein Unterhalt durch die Eltern möglich ist.

Bei Studienkrediten besteht die Möglichkeit, jederzeit Sondertilgungen zu leisten. Das ist bei anderen Darlehen meist mit zusätzlichen Kosten verbunden.

Zinsen vom ersten Tag an

Aber nur die Deutsche Bank und Deutsche Darlehenbank stunden während der Auszahlung die Zinsen, bei allen anderen Darlehen wird vom ersten Tag an Zinszahlung fällig, so dass sich der Auszahlungsbetrag verringert. Vor allem zum Ende der Auszahlphase erhöht sich die Zinszahlung dramatisch. So werden den Studenten bei dem Angebot der SEB von 100 Euro Darlehen kurz vor Ende der fünf Jahre nur noch 57,05 Euro ausgezahlt.

Fester effektiver Jahreszins

Auch in der Höhe des notwendigen monatlichen Bedarfs kann man sich gehörig verschätzen. Grundsätzlich ist es besser, sparsam zu leben, als das Berufsleben mit einem riesigen Schuldenberg zu beginnen. Bei der Auswahl eines Darlehens sollte auf den effektiven Jahreszins geachtet werden. Dieser sollte fest und nicht variabel sein, denn bei variablen Zinsen gibt die Bank alle Zinsschwankungen an den Kreditnehmer weiter. Gehen die Zinsen dann nach oben, kann sich das Darlehen deutlich verteuern. Bei festen Zinsen dagegen weiß man von vornherein, welche Belastungen auf einen zukommen.

6.2 Bildungskredit

Wenn Studenten kein BAföG bekommen

Neben Darlehen von Banken bietet der Staat schon seit 2001 einen Bildungskredit an: Ab dem Hauptstudium bzw. bei einem Zusatz-, Ergänzungs- oder Aufbaustudium können Studenten Geld leihen. Auch Auslandsaufenthalte im Rahmen des Studiums können gefördert werden ebenso wie in Deutschland studierende Ausländer. Daneben können in Ausnahmefällen auch Schüler dieses günstige Darlehen in Anspruch nehmen. In erster Linie ist es jedoch für Studenten gedacht, die kein BAföG bekommen. Wer schon BAföG bekommt, kann den Bildungskredit nur bei »außergewöhnlichem, nicht durch das BAföG erfassten Aufwand« bekommen, wie z. B. im Fall von Studiengebühren. Ausgezahlt wird das Geld von der Kreditanstalt für Wiederaufbau (KfW), für die der Bund bürgt. Daher sind die Zinskonditionen hier besser als bei normalen Darlehen. Studenten, die in der Regel keine Sicherheiten für ein Darlehen stellen können, steht damit eine solide Möglichkeit offen, sich auf dem Kapitalmarkt Geld zu beschaffen.

Tipp

Das eigene Einkommen und das der Eltern spielt bei der Vergabe keine Rolle.

!

Allerdings besteht kein Rechtsanspruch auf Bildungskredit. Und anders als beim BAföG steht nur ein begrenztes Budget zur Verfügung.

Antrag beim Bundesverwaltungsamt

Beantragt wird der Bildungskredit, der monatlich in Raten von 300 Euro über maximal 24 Monate ausgezahlt wird, beim Bundesverwaltungsamt (die Adresse finden Sie am Ende des Buches). Das Amt bewilligt den Kredit, wenn die Voraussetzungen gegeben sind. Mit diesem Bescheid kann der Student dann innerhalb eines Monats einen Darlehensvertrag mit der KfW abschließen. Natürlich fallen auf das Darlehen Zinsen an. Ihre Höhe richtet sich nach der European Interbank Offered Rate (EURIBOR) für Sechs-Monats-Geld zuzüglich eines Aufschlages von 1 Prozent. Im November 2005 betrug EURIBOR 2,5 Prozent. Die jeweils aktuellen Zinssätze finden Sie auf der Homepage der Bundesbank (www.bundesbank.de). Die Zinsen werden zwar von Anfang an fällig, werden jedoch bis zum Beginn der Rückzahlung gestundet.

Vier Jahre nachdem die ersten Raten bewilligt wurden, beginnt die Rückzahlung des Darlehens. Darlehensnehmer erhalten rechtzeitig vor Beginn der Tilgung eine Mitteilung der Kreditanstalt für Wiederaufbau über die Höhe des Darlehens einschließlich der Zinsen. Die monatliche Rückzahlungsrate beträgt 120 Euro.

Tipp

Wer nicht in der Lage sein sollte, die Rückzahlung zum geplanten Termin aufzunehmen, kann bei der Kreditanstalt für Wiederaufbau eine Stundung beantragen.

!

Sollte der Kredit nicht vereinbarungsgemäß an die Kreditanstalt für Wiederaufbau zurückgezahlt werden, löst diese die Bundesgarantie ein. Offene Forderungen müssen dann ans Bundesverwaltungsamt gezahlt werden. Es gibt auch die Möglichkeit, den Kredit ganz oder teilweise vorzeitig zurückzuzahlen.

Top-Tipps Kinder in Ausbildung

- Lehrlinge haben Anspruch auf mindestens 80 Prozent der üblichen Ausbildungsvergütung, falls der Betrag nicht tariflich vereinbart ist.
- Schüler-BAföG wird nur in Ausnahmefällen gewährt, braucht aber nicht zurückgezahlt werden.
- BAföG ist für Studenten ein zinsloses Darlehen, das einige Zeit nach Beendigung der Ausbildung zurückgezahlt werden muss.
- Studenten, die zu Hause wohnen, haben Anspruch auf maximal 377 Euro, diejenigen, die nicht zu Hause wohnen, auf höchstens 466 Euro BAföG.

- Ob und wie viel BAföG Studenten erhalten, hängt vom eigenen Verdienst und vom Verdienst der Eltern und – falls vorhanden – von Ehepartnern ab bzw. davon, ob es schon Kinder gibt.

- Verwandte in gerader Linie sind einander zum Unterhalt verpflichtet. Eltern müssen daher ihre Kinder unterhalten, falls diese als Studenten kein BAföG bekommen und auch keine anderen Einkünfte haben. Sie müssen ihnen eine angemessene erste Ausbildung finanzieren.

- Einem auswärts wohnenden Studenten muss zum Zwecke der Finanzierung seines Studiums monatlich ein Geldbetrag zur Verfügung gestellt werden, Naturalleistungen allein wie z. B. Lebensmittel reichen zu seinem Unterhalt nicht aus. Der Gesamtbedarf eines nicht mehr bei seinen Eltern wohnenden Studenten wird von den Gerichten mit monatlich 640 Euro bemessen.

- Wer neben seinem Studium jobbt, sollte auf die Grenzen achten, bis zu denen eigenes Einkommen die Vorteile wie Familienversicherung, BAföG-Bezug und Steuerfreiheit nicht gefährdet.

- Studienkredit von Banken und Bildungskredit vom Staat helfen dabei, ein Studium trotz zusätzlicher Belastungen wie Studiengebühren absolvieren zu können. Studien- und Bildungskredit werden unabhängig vom Einkommen der Eltern gezahlt.

Kapitel 8
Finanztraining für Eltern

Der richtige Umgang mit Finanzen kann gelernt werden. Dazu gehört kein betriebswirtschaftliches Studium, sondern nur Geduld, Zielstrebigkeit, Ausdauer – und natürlich auch ein wenig Wissen. Dafür, dass Sie die Planung Ihrer Finanzen in Angriff nehmen und später konsequent im Auge behalten bzw. ihren jeweiligen Lebensbedingungen anpassen, müssen Sie selbst sorgen. Wir können Ihnen hier nur ein paar Anregungen dafür geben, wie sie es schaffen können.

Tipp

Am besten ist es, wenn Sie Ihren Haushalt wie ein Wirtschaftsunternehmen betrachten und führen, wie einen Minibetrieb. Unternehmen müssen ihre Finanzen sehr genau planen – sowohl Einnahmen als auch Ausgaben. Es wird genau analysiert, was eingekauft werden muss, was das Personal kostet, welche Einnahmen dafür nötig sind usw.

1. Warum Finanzplanung notwendig ist

Erfahrungswerte

Ohne exakte Planung der Kosten funktioniert kein Unternehmen – und auch Ihr Haushalt nicht. Dabei müssen auch auf der Basis von Erfahrungswerten aus der Vergangenheit Entscheidungen getroffen werden für die Zukunft. Damit man bei dieser langfristigen Planung nicht die Übersicht und die Motivation verliert, ist es wichtig, sich immer wieder realistische Teilziele zu setzen. Das heißt langfristige Ziele müssen in kurze, mittel- und langfristige finanzielle Ziele gegliedert werden. Was die Einnahmenseite betrifft, sind Sie, wenn Sie Arbeitnehmer sind, in einer wesentlich günstigeren Position als ein Wirtschaftsunternehmen: Sie haben jeden Monat ein festes Einkommen, mit dem Sie planen können.

!

Allerdings sollten Sie sich davor hüten, Ihre Finanzplanung in einer simplen Einnahmen-Ausgaben-Rechnung zu machen nach dem Motto: Ich verdiene 2.000 Euro, also kann ich 2.000 Euro ausgeben.

Konsequenter Vermögensaufbau

Aber die einfache Grundregel, nie mehr auszugeben, als Einnahmen da sind, reicht allein nicht. Wer z. B. eine größere Urlaubsreise plant, sich ein neues Auto kaufen will oder gar den Kauf eines Hauses plant, der muss anders an die Sache herangehen. Dazu sind eine genaue Finanzplanung, konsequenter Vermögensaufbau und oft sogar die Fremdfinanzierung durch eine Bank unumgänglich. Und dafür ist ein Mindestmaß an Information nötig, ohne das die Ziele meist nicht oder nicht optimal erreicht werden können.

Wer sich in Gelddingen überhaupt nicht auskennt, ist auch ein schlechter Verhandlungspartner beim Umgang mit Banken, Versicherern, Bausparkassen, Autoverkäufern usw. Er verlässt sich auf die Angebote, die ihm gemacht werden und fällt schlimmstenfalls auf unseriöse Angebote herein. Verlassen Sie sich nicht allein auf die Beratung von Banken, Versicherungen etc. Auch seriöse Anbieter wollen Ihnen etwas verkaufen. Das Risiko des wirtschaftlichen Scheiterns tragen jedoch Sie. Keine Bank oder Versicherung ist verpflichtet, Ihnen nur wirtschaftlich Sinnvolles oder nur Leistungen zu verkaufen, die Sie auch bezahlen können.

!

Die Auswirkungen fehlender oder falscher Finanzplanung zeigen sich meist erst dann, wenn es zu spät ist.

Der finanzielle Erfolg des »Wirtschaftsunternehmens Haushalt« hängt nicht in erster Linie von der Menge des Geldes ab, das vorhanden ist, sondern vielmehr von der Strategie, die Sie entwickeln, um aus dem vorhandenen Geld kurz-, mittel- und langfristig mehr zu machen.

Tipp

Es geht also darum, Ihre Zukunft finanziell planbar zu machen.

2. Lebensphasen planen

Dabei ist es sinnvoll, in die eigene Zukunft zu schauen und die einzelnen Lebensphasen, die finanziell abgesichert werden müssen, quasi vorherzusehen. Auch solche Situationen, die man sich am liebsten nicht vorstellen will, wie

Krankheit und Tod, müssen dabei mit beachtet werden. Denn es gibt für Familien nichts Schlimmeres, als in solch schmerzlichen und schwierigen Situationen auch noch um ihre finanzielle Absicherung bangen zu müssen.

Analyse der Ausgangssituation

Ausgangspunkt jeder Finanzplanung ist zunächst die Analyse der Ausgangssituation – wir sind am Beginn des Buches schon kurz darauf eingegangen. Diese Ausgangsposition ist für jeden anders – der eine hat gerade eine Familie gegründet und muss sich erst einmal generell einen Überblick über Einnahmen und Ausgaben machen. Hier ist das weiter vorn erwähnte Haushaltsbuch der ideale Begleiter. Andere Familien stehen vielleicht vor der Aufgabe, eine optimale Baufinanzierung auf die Beine zu stellen. Dann bildet diese Aufgabe den Ausgangspunkt. Wieder andere überlegen, wie und wie viel Geld sie am besten für die Ausbildung ihrer Kinder zurücklegen können. Auch der Abbau schon vorhandener Schulden kann ein möglicher Ausgangspunkt sein. Unabhängig von Ihrer finanziellen Situation und Ihrem aktuellen Vorhaben sollten Sie immer versuchen, folgende Ziele zu erreichen:

Grundforderungen der Finanzplanung

1. Es sollte immer ausreichend Liquidität vorhanden sein, um laufende Forderungen zu erfüllen und den Lebensunterhalt bestreiten zu können.

2. Gegen die Risiken des Lebens sollten Sie angemessen abgesichert sein bzw. Rücklagen bilden.

3. Muss ein Darlehen aufgenommen werden, dann zu Bedingungen, unter denen sich die Anschaffung rentiert und die Luft für zukünftige Anschaffungen lassen.

4. Die Rendite von Sparanlagen sollte gesteigert werden.

Kurzfristige Finanzziele

Machen Sie sich Ihre kurzfristigen Finanzziele klar. Die Grundforderung 1 – also jederzeit zahlungsfähig zu sein – gehört natürlich dazu. Sind in allernächster Zeit dringende Anschaffungen nötig bzw. geplant? Müssen möglicherweise Steuern oder Betriebskosten nachgezahlt werden? Können Sie auf der anderen Seite mit zusätzlichen Einnahmen rechnen, etwa mit einem zuteilungsreifen Bausparvertrag?

Tipp

Beziehen Sie alle Familienmitglieder in die Planung ein. Sonst haben Sie am Ende einen schönen Plan, aber wichtige Ziele vergessen.

Wichtig ist dabei zu prüfen, ob die Einnahmen mit den geplanten Ausgaben übereinstimmen. Haben Sie sich übernommen, muss etwas gestrichen oder an anderer Stelle gespart werden. Sonst kommen Sie mit Grundsatz 1 in Konflikt. Zur kurzfristigen Finanzplanung gehört auf jeden Fall auch die Absicherung gegen Risiken. Eine Haftpflichtversicherung für die Familie ist unabdingbar. Und gerade in jungen Jahren sollte auch eine Berufsunfähigkeitsversicherung Priorität haben.

In regelmäßigen Abständen prüfen

Perfekt wäre es, wenn Sie die Einhaltung Ihrer Planung in regelmäßigen Abständen überprüfen würden. Ändern sich einzelne Bestandteile – gibt es etwa eine Gehaltserhöhung oder ein Partner wird arbeitslos –, dann sollten Sie reagieren und den Plan so gut wie möglich an die veränderte Situation anpassen.

Die mittelfristige Planung geht weiter in die Zukunft. Wann etwa ist damit zu rechnen, dass ein neues Auto angeschafft werden muss? Braucht das eigene Haus in absehbarer Zeit ein neues Dach, eine neue Heizung? Steht eine große Familienfeier ins Haus, etwa eine Konfirmation, eine Jugendweihe?

!

Natürlich kann man nicht alles einplanen, Überraschungen gibt es immer, sonst wäre das Leben ja auch langweilig. So stellt sich zum Beispiel Familiennachwuchs mitunter ungeplant ein. Solche Ereignisse fließen dann natürlich auch in die Kurzzeit-Planung mit ein.

Die langfristige Planung ist am besten geeignet, für die großen Ereignisse des Lebens vorzusorgen: Hauskauf oder -bau, Ausbildung der Kinder und natürlich die eigene Altersvorsorge. Der Vorteil der langfristigen Planung ist, dass Sie frühzeitig und systematisch planen und vorsorgen können, ohne auf kurzfristige Renditen schauen zu müssen.

Zuschüsse vom Staat Da es gerade bei Riester-Verträgen und beim Bausparen Zuschüsse vom Staat gibt, ist es sinnvoll, diese möglichst frühzeitig zu nutzen. Hierdurch erzielen Sie auch mit kleinen eingesetzten Beträgen langfristig eine hohe Rendite.

Danach kommt der dritte und wichtigste Schritt – die Umsetzung Ihres Planes. Nun müssen alle kurz-, mittel- und langfristig geplanten Vorhaben auch kurz-, mittel- und langfristig finanziell vorbereitet werden.

Tipp Erreichen Sie – aus welchen Gründen auch immer – irgendein Ziel nicht, sollten Sie genau überlegen, ob der Kauf verschoben werden kann, bis das Geld vollständig angespart ist. Ein Darlehen sollte immer die letzte Möglichkeit sein – mit einigen Ausnahmen wie z.B. das Darlehen für einen Hauskauf.

! Wer die banale Weisheit missachtet, dass man sich nur das leisten sollte, was man sich auch leisten kann, landet schneller, als er denkt, in der Schuldenfalle. Ungeplante, oft sogar unnütze Anschaffungen sind der Tod jeder Finanzplanung.

Verzicht Bedenken Sie: Bei einem schmalen Finanzbudget bedeutet die Entscheidung für ein Gut meist den Verzicht auf ein anderes. Daher müssen Sie immer wieder Entscheidungen zwischen konkreten Zielen treffen. Konsum, den Sie über einen Kredit finanzieren, bedeutet, dass Sie in erheblichem Maße in der Zukunft auf Konsum verzichten müssen. Ein Beispiel: Wer einen Monat lang einen Dispokredit von 10.000 Euro in Anspruch nimmt, hat im nächsten Monat über 100 Euro weniger für Lebenshaltung, Versicherung, Altersvorsorge usw. zur Verfügung. Gehäuft können damit erhebliche Lücken auftreten, die Anlass zu erneuter Geldbeschaffung sind – ein Teufelskreis.

In der Regel werden aktuelle Wünsche und Notwendigkeiten als besonders dringlich empfunden – dringlicher als langfristige Ziele wie Berufsunfähigkeitsversicherung und

Altersvorsorge. Daher werden diese Ziele von sehr vielen Menschen auch weniger intensiv und nur halbherzig verfolgt. So wirkt sich der Wunsch, aktuelle Bedürfnisse vorrangig zu befriedigen, auf verhängnisvolle Weise auf spätere Lebensphasen aus.

Erfassen Sie alle Ihre Finanzdaten

Persönliche Gewinn- und Verlustrechnung (Status der Einnahmen und Ausgaben):

- aktuell (Überschuss/Defizit der derzeitigen Einnahmen-Ausgaben-Rechnung) .... Euro
- mittelfristig (Wie wird sich dieser Betrag mittelfristig verändern?) .... Euro
- langfristig (Veränderung des Betrags im langfristigen Zeitraum) .... Euro

Persönliche Vermögensbilanz (Bank- und Sparguthaben, Wertpapiere, Lebensversicherungen (Rückkaufswert), Immobilienbesitz, Betriebsvermögen u. Ä.):

- aktuell (Welches Vermögen ist zurzeit vorhanden?) .... Euro
- mittelfristig (Wie wird sich das Vermögen voraussichtlich in den nächsten etwa fünf Jahren entwickeln?) .... Euro
- langfristig (Wie viel Vermögen werden Sie voraussichtlich in 20 Jahren haben?) .... Euro

Persönlicher Versorgungsstatus (Aufwendungen für alle vorhandenen Versicherungen und Vorsorgeprodukte):

- aktuell .... Euro
- mittelfristig (Auf welche Policen kann mittelfristig verzichtet werden, welche kommen hinzu? Gesamtsumme geschätzt) .... Euro
- langfristig (Wie wird sich der Bedarf langfristig entwickeln? Gesamtsumme geschätzt) .... Euro

Persönliches Potenzial zum Vermögensaufbau (Differenz aus Nettoeinkommen und Zahlungsverpflichtungen plus Vorsorgeaufwendungen):

- aktuell .... Euro
- mittelfristig .... Euro
- langfristig .... Euro

3. Beratung sichern

Egal, ob Sie schon in einen finanziellen Engpass geraten sind oder einfach mehr aus Ihrem Geld machen wollen: Es gibt Ansprechpartner, die Ihnen bei der Planung helfen können. Allen voran die Verbraucherzentralen, die über Finanzexperten verfügen, bei denen Sie einen Beratungstermin vereinbaren können. Die Kosten dafür halten sich in Grenzen und rentieren sich durch einen guten Finanzplan. So sind beispielsweise die Kosten für eine Versicherungsberatung leicht durch die in einem Jahr eingesparte Versicherungsprämie auszugleichen. Unabdingbar ist eine derartige neutrale Beratung bezüglich der Altersvorsorge und bei einer geplanten Immobilienfinanzierung. Aber denken Sie daran: Versicherungsvermittler oder Bankangestellte wollen Ihnen immer eine Leistung verkaufen. Viele Tests haben bewiesen, dass eine solche Beratung nicht immer zu den für Sie optimalen Lösungen führt.

Der Sparkassen-Service »Geld und Haushalt« bietet produktunabhängige Beratung in Sachen private Finanzanalyse und -planung. Sie eignet sich für alle, die

- sich häufig fragen, wo ihr Geld bleibt,
- ihre Ausgaben reduzieren oder ihre Einnahmen verbessern möchten,
- ihr Budget einmal grundsätzlich auf den Prüfstand stellen lassen wollen,
- als Jugendlicher finanzielle Unabhängigkeit anstreben,
- sich auf die Zeit nach dem Berufsleben vorbereiten wollen,

- sich im Umgang mit Versicherungen, Sparformen und Darlehen fit machen wollen.

Konkrekte Empfehlungen

Wer eine grundlegende Analyse seines Budgets wünscht, um besser planen können, kann hier sein Budget kostenlos einer individuellen Analyse unterziehen. Dabei wird die Haushaltsgröße ebenso berücksichtigt wie die Einnahmen-Ausgaben-Bilanz. Die Analyse gipfelt in konkrete Empfehlungen, wie das Budget optimiert werden kann. Für die Erfassung der Daten gibt es zwei Wege: den direkten Online-Zugang oder die schriftliche Analyse. Alle Daten werden selbstverständlich streng vertraulich behandelt.

Bei der schriftlichen Analyse können Sie sich die Formulare downloaden, ausfüllen und an den Beratungsdienst der Sparkassen (Adresse am Ende des Buches) schicken. Alle abgefragten Daten müssen sorgfältig eingegeben werden. Das macht sicherlich ein wenig Arbeit, aber wenn Sie sich vorab schon mit Ihrer Finanzlage beschäftigt haben, fällt es Ihnen sicher nicht schwer. Ausführliche Erläuterungen helfen Ihnen dabei.

Top-Tipps Finanzplanung

- Betrachten Sie Ihren Privathaushalt wie ein Unternehmen, in dem exakte Finanzplanung zu den Grundvoraussetzungen für den wirtschaftlichen Erfolg gehört.
- Sie brauchen den Finanzplan, um kurz-, mittel- und langfristige Ziele in ihrem Leben erreichen zu können. Ohne ausreichende Analyse und Vorbereitung müssen sie entweder auf wichtige Vorhaben verzichten oder sich verschulden.

- Planen Sie immer entsprechend Ihrer aktuellen Ausgangssituation. Eine schonungslose Analyse ist unumgänglich und stellt Ihren Plan auf sichere Füße.
- Folgende Grundregeln sollten Sie unbedingt beachten: Liquidität, Risikoabsicherung, günstigste Zinsen bei Darlehen und Optimierung von Geldanlagen.
- Beziehen Sie die Vorstellungen und Wünsche aller Familienmitglieder ein. Natürlich liegen die zum Teil in der Zukunft und können sich ändern. Daher müssen Pläne ständig überprüft und angepasst werden.
- Grundsätzlich sollten Sie zunächst an die Absicherung elementarer Risiken denken, die – falls sie eintreten – jeden Finanzplan außer Kraft setzen und Sie ins finanzielle Abseits drängen können. Dazu zählen für Eltern unbedingt eine Risikolebensversicherung und eine Berufsunfähigkeitsversicherung (am besten im Paket), für die Kinder eine Invaliditätsversicherung und für die gesamte Familie die Privathaftpflicht-Versicherung. Entbehrliche Anschaffungen sollten dahinter zurücktreten, falls beides nicht zu schaffen ist.
- Sichern Sie sich die fachkundige Unterstützung neutraler Fachleute, die Sie gezielt auf Ihre persönliche Situation zugeschnitten beraten können.

Kapitel 9
Finanztraining für Kinder

Kinder sollten niemals unterschätzt werden – auch nicht in Gelddingen. Sie sind bereits im Vorschulalter in der Lage, eigenes Geld in begrenztem Umfang zu verwalten. Wer von klein auf mit Mama und Papa einkaufen geht, der weiß, dass nützliche und schöne Dinge Geld kosten. Woher das Geld kommt, das die Eltern ausgeben, interessiert sie zunächst schon weniger. Daher sollten Eltern ihren Kindern frühzeitig nahe bringen, wie sie ihr Geld verdienen.

Tipp

Sie können Ihre Kinder ab und an bitten, Sie von der Arbeit abzuholen, ihnen Ergebnisse Ihrer Arbeit zeigen oder sie einfach anregen, Fragen zu stellen.

Auch für finanzielle Engpässe haben Kinder Verständnis, wenn sie sich einbezogen fühlen. Wer offen darüber redet, wird merken, dass Kinder auch auf heiß begehrte Spielsachen oder Kleidung verzichten können, wenn das Geld einmal knapp ist. Oder sie freuen sich gemeinsam mit Ihnen auf eine neue Anschaffung, wenn das Geld zusammengespart ist. All das hilft, gute Grundlagen für den vernünftigen Umgang der Kinder mit Geld zu legen.

1. Von wem Jugendliche über Wirtschaft und Geld informiert werden wollen

Leider ist unser Bildungssystem nach wie vor so ausgelegt, dass Kinder durch die Schule auf diese Dinge praktisch nicht vorbereitet werden. Ob es die Frage ist, was man in welchem Alter selbst kaufen kann und was nicht, wie viel Taschengeld einem zusteht, ob es der Lehrvertrag ist, der Antrag auf BAföG, der Umgang mit Banken beim ersten Girokonto usw. – Kinder und Jugendliche sind oft erschreckend unwissend in diesen Fragen. Dabei wünschen sie sich eine Wirtschaftsausbildung an der Schule, wie eine Studie des Bankenverbandes unter 750 Jugendlichen und jungen Erwachsenen zwischen 14 und 24 Jahren ergeben hat. Deutsche Banken fordern seit langem, dass Wirtschaft ein Unterrichtsfach wird – bisher vergeblich. 90 Prozent der befragten jungen Leute wollen in ihrem Leben etwas leisten und sind daher an Wirtschaftsthemen interessiert: 26 Prozent sind stark, 7 Prozent sogar sehr stark an wirtschaftlichen Zusammenhängen interessiert. 73 Prozent finden dies wichtig oder sehr wichtig. Die entsprechenden Informationen erwarten die Jugendlichen vor allem von den Medien (75 Prozent) und aus der Schule (55 Prozent). Schulkinder blicken mit mehr Erwartung auf die Schule (72 Prozent) und nur 67 Prozent auf die Medien. Die Defizite, die diese Studie offenbart, sind erschreckend: 59 Prozent der Jugendlichen haben keine Ahnung, was etwa an der Börse passiert. Nur 31 Prozent der Schüler können mit dem Prinzip von Angebot und Nachfrage etwas anfangen, was soziale Marktwirtschaft ist, können 45 Prozent von ihnen nur vage beurteilen. Wenn es ums eigene Geld geht, sind Jugendliche offenbar besser im Bilde. 35 Prozent von ihnen kümmern sich mit Spaß um die eigenen Finanzen. Sie sind zu 48 Prozent sparsam, 16 Prozent legen sogar sehr viel Wert auf Sparsamkeit. Sie sparen fast ebenso häufig Geld wie Erwachsene. Auch für das Thema Verschuldung haben junge Leute ein offenes Ohr. 11 Prozent der befragten Jungendlichen haben nach eigenen Angaben schon einmal in ernsten finanziellen Schwierigkeiten gesteckt.

Vor allem die Finanzwirtschaft – Banken, Sparkassen und Versicherungen – haben die Defizite in Wirtschafts- und Finanzfragen unter Jugendlichen erkannt und bemühen sich seit Jahren darum, mehr Aufklärung in die Schulen zu bringen.

! Natürlich tun sie das nicht ganz uneigennützig, sondern haben potenzielle Kunden im Auge, die man möglichst frühzeitig – etwa mit Jugend-Girokonten – an das eigene Haus binden will.

Dennoch haben diese Broschüren, Projekte und Spiele einen sinnvollen Effekt: Kinder werden altersgemäß nicht nur an den Umgang mit Geld gewöhnt, sondern erfahren auch, wo es herkommt.

Prospekt »Jugend und Wirtschaft«

Zum Beispiel das Projekt des Bankenverbandes und der FAZ »Jugend und Wirtschaft«: Mit Hilfe der beiden Projektträger sollen Lehrer befähigt werden, Kinder in Wirtschaftsthemen einzuführen. Sie besuchen zunächst ein Einführungsseminar und erhalten danach laufend Hinweise und Informationen. Grundlage des Projekts ist ein Freiabonnement der FAZ für die teilnehmenden Klassen und Kurse der Sekundarstufe II. Vornehmlich Fächer wie Sozialkunde – auch in Kombination mit Deutsch – eignen sich für das Projekt. Lehrer und Schüler arbeiten gemeinsam mit der Zeitung. Und die Schüler lesen nicht nur den Wirtschaftsteil der FAZ, sondern schreiben auch für die Seite »Jugend und Wirtschaft«. Egal, ob die Artikel veröffentlicht werden oder nicht – die intensive Beschäftigung mit Wirtschaftsthemen weitet den Horizont und schärft den Blick für die Realität.

Auch die Deutsche Bank stellt unter dem Link »Schule und Studium« speziell auf Schüler zugeschnittene Informationsmaterialen zum Thema »Geld und Geldpolitik« zur Verfügung. Die Broschüre »Unser Geld« ist als Einführung in die Welt des Geldes für Schüler der oberen Klassen der Sekundarstufe I gedacht. Ziel der Publikation »Geld und Geldpolitik« für die Sekundarstufe II ist es, die Rolle des Geldes in unserem Wirtschaftsleben leichter durchschaubar zu machen. Sie ist auch für Berufsschüler und Studenten geeignet. Diese beiden Broschüren werden in Zusammenarbeit mit der Arbeitsgemeinschaft zur Förderung der wirtschaftlichen und sozialen Bildung e. V. in Bonn jährlich kostenlos allen Schulen in aktualisierter Form zur Verfügung gestellt. Ergänzt wird das Medienangebot der Deutschen Bundesbank durch das Internet-Spiel »Mission Bundesbank«, das die Vorgänger-CD-ROM »Codewort Stabilität« abgelöst hat und inhaltlich auf die Schülerpublikationen abgestimmt ist.

Tipp

Schulklassen können auch das Geldmuseum der Deutschen Bundesbank besuchen und dort Vorträge zu selbstgewählten Themen hören. Hierzu wenden Sie sich an die Besucherbetreuung des Geldmuseums.

Geplant ist außerdem der Aufbau eines Online-Lexikons mit wichtigen Begriffen zum Thema »Geld und Währung«.

Ein weiteres Beispiel ist das Börsenspiel der Sparkassen: Das »Planspiel Börse« ist das größte europäische Börsenspiel für Schüler. Es startet inzwischen seit 23 Jahren jährlich im Herbst. Bis zum Jahresende messen sich Schülergruppen zwischen 15 und 19 Jahren europaweit bei der Wertpapieranlage. Die Teilnahme ist kostenlos, die Anmeldung ist in jeder Sparkasse möglich. Zu gewinnen sind Reise-, Geld- oder Sachpreise. Weitere Informationen: www.planspiel-boerse.de.

Informations- und Unterrichtsmaterialien

Einen umfassenden Überblick zu weiteren Informations- und Unterrichtsmaterialien zu Finanz- und Wirtschaftsthemen bietet darüber hinaus die Initiative Finanzstandort Deutschland (IFD) auf ihrer Internetseite: www.kursraum-geld.de. Dort werden aktuelle Informationsmedien zur Rolle von Banken und Versicherungen im Wirtschaftskreislauf, zu Zahlungsverkehr, Finanzierung und Darlehen, Vermögensbildung, Altersvorsorge sowie Geld- und Währungspolitik übersichtlich präsentiert und mit Bestellmöglichkeiten auf den Websites der verschiedenen Anbieter verlinkt.

Die Broschüre »Budgetkompass für Jugendliche« hilft jungen Leuten, mit dem knappen Gut Geld vernünftig umzugehen und das Beste aus der Situation zu machen. Aktives Budgetmanagement ist das Zauberwort, mit dessen Hilfe es gelingt, den Weg zur finanziellen Unabhängigkeit zu organisieren, mit Tipps, Informationen, Checklisten und Anlaufadressen. Themen sind u. a. Taschengeld, Nebenjobs, Beihilfen für Azubis, Finanzhilfen für Schüler oder Studenten, Schulden, Sparen usw.

Daneben hilft die Broschüre »Mein Taschengeldplaner«. Mit diesem Heft können Kinder und Jugendliche ihre Einnahmen und Ausgaben erfassen. Sie werden darin unterstützt, ihre Wünsche planvoll umzusetzen. Darüber hinaus enthält »Mein Taschengeldplaner« Tipps zum cleveren

Umgang mit dem Taschengeld, Termin- und Stundenpläne, Checklisten und nützliche Adressen.

»Schülerbanking«

Auch das Institut für Finanzdienstleistungen (iff, www.iff-hamburg.de) hält auf seinen Internetseiten www.schuelerbanking.de eine Fülle von Anregungen, Materialien und konkreten Hilfen bereit. Schülerbanking ist ein flexibel in den Unterricht integrierbares Unterrichtskonzept für achte bis zehnte Klassen aller Schulformen. Ziel des Konzeptes ist es, junge Menschen frühzeitig spielerisch mit Finanzdienstleistungen vertraut zu machen und so die finanzielle Allgemeinbildung nachhaltig zu fördern sowie Handlungskompetenzen im Umgang mit Finanzen zu stärken.

Natürlich machen auch die Verbraucherzentralen Angebote für Kinder, Eltern und Lehrer. So bietet das Portal www.verbraucherbildung.de eine Vielzahl von Tipps, interaktiven Lernmaterialien und sonstigen Materialien rund um Verbraucherthemen. www.kinderkampagne.de beschäftigt sich speziell mit dem Thema Kinder und Werbung – wir kommen etwas später noch darauf zu sprechen. Beispiel Verbraucherzentrale Nordrhein-Westfalen (www.verbraucherzentrale-nrw.de): Sie bietet mit dem Online-Jugendmagazin checked4you (www.checked4you.de) auch Beratung in Sachen »Geld und Job« an. Hier werden Themen wie Darlehen während des Studiums, Jobmöglichkeiten, Befreiung von der GEZ, Nebenjob, Schulden, Was darf ich kaufen?, Übersicht über Einnahmen und Ausgaben, Mietvertrag, Versicherungen, BAföG, Girokonto und Spartipps für Azubis behandelt. Beispiel Verbraucherzentrale Schleswig-Holstein (www.verbraucherzentrale-sh.de): Sie bietet mit der Internetseite www.waskostetdiewelt.com jede Menge Informationen rund um Geld und Schulden. Das Besondere: Seit etwa drei Jahren sind Referenten der Verbraucherzentrale direkt in Schulen vor Ort, um die 14- bis 16-Jährigen während der Schulzeit mit dem Thema Schuldenprävention vertraut zu machen. Beispiel Verbraucherzentrale Sachsen (www.vzs.de): Hier wird im Rahmen einer Lehrerfortbildung das Thema »Finanzielle

Lehrerschulung

Allgemeinbildung in der Schule« gemeinsam mit dem sächsischen Comeniusinstitut angeboten. So werden die Koordinierungslehrer regelmäßig geschult, auch weitere interessierte Lehrer können sich über die Beratungsstellen der Verbraucherzentrale fortbilden lassen.

2. Taschengeld erzieht

Nicht mit Forderungen verbinden

Kindern ein eigenes Taschengeld zu zahlen, sollte kein Almosen der Eltern und sollte keinesfalls mit Forderungen wie »Tu endlich mal was für dein Taschengeld« oder gar mit Erpressung »Wenn du jetzt nicht dein Zimmer aufräumst, wird das Taschengeld gestrichen« verbunden sein. Eine Studie des Instituts für Wirtschaftssoziologie der Uni Bonn und von Eurocard aus dem Jahr 2002 hat ergeben, dass es Kindern, deren Eltern Geld als Belohnung oder Bestrafung einsetzen, schwerer fällt, mir ihrem Budget auszukommen. Gefragt wurden 11.000 Schüler im Alter zwischen zehn und 17 Jahren in 15 Mitgliedsstaaten der EU. Kinder geben demnach ihr Geld vorrangig für Kleidung, CDs, Essen, Getränke und fürs Handy aus. Auch gespart wird noch, allerdings längst nicht mehr so gern wie sechs Jahre zuvor. Die Studie hat auch gezeigt, dass Jugendliche, die ihr Taschengeld regelmäßig mit einem Nebenjob aufbessern, den Wert des Geldes deutlich besser einschätzen können als andere und auch mehr zum Sparen neigen. In Deutschland erhielten 82 Prozent der befragten Jugendlichen ein Taschengeld, EU-weit waren es nur 64 Prozent. Mit durchschnittlich 25 Euro lagen Deutschlands Kids von 13 bis 17 Jahren an zweiter Stelle hinter Luxemburg. Bei den Jüngeren liegen die Luxemburger vor den Griechen. Deutschland rangiert mit 17 Euro auf Platz drei. Übrigens: Bei ihren Kaufentscheidungen richten sich Kinder vorrangig nach der Meinung von Freunden, kaufen aber preisbewusst. Eltern spielen als Ratgeber eine untergeordnete Rolle. Jungen lassen sich mehr von Fernsehen, Internet und Zeitschriften beeinflussen als Mädchen.

2.1 Die meistdiskutierte Frage

Die Taschengeldfrage ist wahrscheinlich in deutschen Familien die zwischen Eltern und Kindern meistdiskutierte Frage. Eltern sind oft unsicher, ab wann es Taschengeld für Kinder geben sollte und wie viel es sein sollte und wofür die Kinder es ausgeben sollten. Daher hier ein paar Anregungen.

!

Die schlechte Nachricht für alle Kids: Einen Rechtsanspruch auf Taschengeld oder gar auf einen bestimmten Betrag gibt es nicht.

Zwar haben Eltern die Pflicht, ihre Kinder mit allem Notwendigen zu versorgen, aber Bargeld gehört nicht dazu. Dennoch erhalten die meisten Kinder und Jugendlichen ein Taschengeld. Natürlich ist das in den Augen der Kinder nie hoch genug, weil es immer Freunde gibt, die deutlich mehr bekommen... Für die Eltern ist es daher immer schwierig, das rechte Maß zu finden. Wie sie es auch machen: Es ist in den Augen der Kinder höchstwahrscheinlich immer falsch.

Tipp

Mit dem ersten Taschengeld kann schon im Vorschulalter begonnen werden. Wer 50 Cents in der Woche gibt, führt die Kleinen langsam an den Umgang mit Geld heran.

2.2 Vorsicht vor zu viel Taschengeld

Wöchentliche Auzahlung

Spätestens mit der Einschulung wird es für das Kind wichtig, über eigenes Geld zu verfügen. Dann kann der Betrag nachgerechnet und den Dingen ein Wert zugeordnet werden. Etwa bis zum 9. Lebensjahr sollte die wöchentliche Auszahlung beibehalten werden, danach wird mit einer monatlichen Zahlweise die Fähigkeit geschult, über einen längeren Zeitraum die eigenen Finanzen zu organisieren. Die Höhe richtet sich natürlich nach dem Alter des Kindes, aber auch nach der finanziellen Situation der Familie. Wer mit seinem Kind darüber vernünftig redet, wird merken, dass es in gewissem Umfang auch mit Abstrichen gegenüber wohlhabenden Freunden leben kann.

! Zu viel Taschengeld ist nicht ratsam, da das Kind sonst den Bezug zur Realität verliert und falsche Wertmaßstäbe verinnerlicht.

Folgende Höhen empfehlen verschiedene Elternratgeber als Richtwerte:

So viel Taschengeld ist angemessen

Alter	Betrag
unter 6 Jahre	0,50 Euro wöchentlich
6 bis 7 Jahre	1,50 bis 2 Euro wöchentlich
8 bis 9 Jahre	2 bis 2,50 Euro wöchentlich
10 Jahre	12,50 Euro monatlich
11 Jahre	15 Euro monatlich
12 Jahre	17,50 Euro monatlich
13 Jahre	20 Euro monatlich
14 Jahre	22,50 Euro monatlich
15 Jahre	25,50 Euro monatlich
16 Jahre	30,50 Euro monatlich
17 Jahre	41 Euro monatlich
18 Jahre	62 Euro monatlich

Pünktliche Auszahlung

Taschengeld muss immer pünktlich ausgezahlt werden, und zwar unabhängig davon, ob das Kind brav oder böse war. Als Erziehungs- oder Druckmittel für Mithilfe im Haushalt oder als Belohnung bzw. Bestrafung für schulische Leistungen sollte das Taschengeld nicht eingesetzt werden. Das Kind muss – ohne dass es um das Geld betteln muss – mit dem Betrag planen können. Ist er schon nach kurzer Zeit ausgegeben, neigen Eltern dazu, noch den einen oder anderen Euro nachzulegen.

Tipp Damit wird dem Kind allerdings kein Gefallen getan, da es so nicht lernt, mit seinem Budget auszukommen.

Möglich ist es aber, dem Kind im Einzelfall einen Vorschuss auf das nächste Taschengeld zu zahlen. Wer ganz konsequent sein will, verbindet dieses »Darlehen« mit einem kleinen Abzug bei der Auszahlung, einer Art Zins. So lernen Kinder, dass Leihen auch Geld kostet.

Werden Kinder älter, sollten sie mehr Verantwortung bei der Verwendung ihres Taschengeldes bekommen. Sie können dann etwa Schulmaterialien oder den Kauf von Kleidung von ihrem Taschengeld bestreiten, das dann natürlich entsprechend erhöht werden muss.

2.3 Kindern eigene Entscheidungen lassen

Besser ist es, über das schnell ausgegeben Taschengeld zu sprechen und zu verhindern, dass es im nächsten Monat wieder zu einem Notstand kommt. Richtig erklärt kommen Kinder von allein zu der Erkenntnis, dass nicht nur die Höhe des »Einkommens« wichtig ist, sondern wie damit hausgehalten wird.

Normales Gruppenverhalten

Wofür das Kind sein Geld ausgibt, sollte ihm überlassen sein. Natürlich kann man über Ausgaben reden, die in den Augen von Erwachsenen sinnlos sind; aber das Gefühl, eigene Entscheidungen treffen zu können, sollte bleiben. Zu bedenken ist dabei: Was die beste Freundin besitzt, »braucht« das Kind natürlich auch. Solch ein Gruppenverhalten ist ganz normal und auch wichtig, damit das Kind bei Gleichaltrigen Anerkennung findet. Garderobe und Schulsachen sollte das Kind möglichst nicht von seinem Taschengeld kaufen müssen – es sei denn, der Betrag wird entsprechend angepasst. Ebenso sollte das Kind nicht dazu verdonnert werden, zu sparen. Wenn die Eltern in Gelddingen Vorbild sind und in der Familie über finanzielle Vorhaben gesprochen wird, entwickeln Kinder auch ein Gefühl dafür, dass Geld nur in begrenztem Umfang zur Verfügung steht.

Sind Kinder volljährig, erlischt das elterliche Sorgerecht. Beide Eltern sind ab sofort »barunterhaltspflichtig«, d. h. sie haben bis zum Ende der Ausbildung finanziell für das Kind zu sorgen. Kinder haben gegenüber den Eltern Anspruch auf eine angemessene Ausbildung. In den Kapiteln 4 und 7 sind wir schon auf Unterhaltsfragen eingegangen.

3. Geldgeschenke

Nicht nur die Großeltern schenken ihren Enkeln gern und häufig auch viel Geld. Auch andere Familienangehörige bringen zum Geburtstag, zu Weihnachten und zu anderen Anlässen oft einen Umschlag mit.

Tipp

Persönlicher und auch origineller als Geld sind Gutscheine für ein bestimmtes Geschäft. Egal ob Spielzeug, Kleidung oder CDs: Wer halbwegs weiß, wo der oder die Beschenkte gern einkaufen geht, liegt damit immer richtig.

Allerdings kann man Gutscheine natürlich nicht sparen. Wer für Enkel, Neffen und Nichten ein kleines finanzielles Polster anlegen will, kann anstelle von Geldgeschenken die Anlage eines Sparbuchs oder eines Sparkontos, auf das regelmäßig kleine Beträge eingezahlt werden, in Erwägung ziehen.

!

Kinder unter sieben Jahre dürfen Geschenke generell nur annehmen, wenn die Eltern damit einverstanden sind. Kinder über sieben Jahre dürfen Geschenke zwar annehmen, aber nur, wenn keine rechtlichen Bedingungen daran geknüpft sind.

Zusammen einkaufen gehen

Kleine Kinder können meist sowieso nicht viel mit Gutscheinen oder Geld anfangen. Ausweg: Man geht zusammen mit dem Kind einkaufen. Damit bekommt das Kind nicht nur das richtige Geschenk, es macht auch Spaß, gemeinsam zu stöbern. Oder die Oma steuert einen Teil zu einem größeren Geschenk bei. In dem Fall sollte sie dann aber trotzdem mit einem kleinen Päckchen zum Geburtstag erscheinen.

Mit größeren Kindern können Sie vereinbaren, dass Beträge über einer bestimmten Summe aufs Sparbuch kommen.

Sind erwachsene Kinder in der Ausbildung und bekommen noch Kindergeld, dann können Geldgeschenke als Einkommen rechnen. Dadurch wird unter Umständen die Grenze von den erlaubten 7.680 Euro jährliches Nettoeinkommen überschritten, wodurch das Kindergeld gestrichen werden würde.

Geldzuwendungen, die der langfristigen Kapitalanlage dienen, dürfen allerdings nicht zu den jährlichen Einnahmen des Kindes gerechnet werden. Dagegen müssen Geldgeschenke von Dritten, die als Hilfeleistungen zum Lebensunterhalt, zur Sicherung der Ausbildung o. Ä. bestimmt sind, zum Einkommen des Kindes hinzugerechnet werden. Versteuert werden müssen so genannte Anstandsgeschenke, wie sie zu Geburtstagen und Weihnachten gemacht werden, allerdings nicht.

4. Jugend-Girokonten

Ein eigenes Girokonto ist für Kinder eine gute Möglichkeit, den Umgang mit Geld zu lernen. Eltern sollten daher das monatliche Taschengeld – am besten per Dauerauftrag – auf das Konto überweisen. Vorteil: Das Kind kann selbst nachprüfen, wie viel Geld es zur Verfügung hat, lernt den Umgang mit dem Geldautomaten und hat bereits frühzeitig Kontakt mit Finanzinstituten.

Ein Girokonto macht ab dem 7. Lebensjahr überhaupt erst Sinn, jüngere Kinder sind nicht geschäftsfähig. Viele Banken bieten jedoch für so kleine Kinder kein eigenes Konto an. !

Einstiegsalter

Das ideale Einstiegsalter für Kinder, so findet Finanztest in seiner September-Ausgabe aus dem Jahr 2004, ist der 12. Geburtstag. Kinder haben dann bereits Erfahrung im Umgang mit ihrem Taschengeld und verstehen, warum der Automat nur eine bestimmte Menge Geld ausspuckt.

Girokonten für Kinder sind in der Regel kostenlos und dürfen nicht überzogen werden. Ein Dispositionskredit ist also ausgeschlossen. Damit wird der gesetzlichen Forderung Rechnung getragen, dass Minderjährige kein Darlehen aufnehmen dürfen. Um ein Darlehen aufnehmen zu können, müssen Kunden voll geschäftsfähig, also mindestens 18 Jahre alt sein.

Tipp

Daher können Eltern auch nicht für Schulden ihrer noch nicht volljährigen Kinder haftbar gemacht werden, denen die Bank einen Überziehungskredit auf dem eigenen Girokonto eingeräumt hatte.

Es kann allerdings sein, dass die Kinder das Geld bzw. das, was sie dafür gekauft haben, an die Bank zurückgeben müssen. Zinsen dürfen dagegen für die Darlehenssumme nicht erhoben werden.

Die meisten Banken verzinsen das Guthaben von Jugend-Girokonten. In der Höhe entsprechen sie meist dem – mageren – Niveau von normalen Sparbüchern.

Zustimmung der Eltern

Soll Ihr minderjähriges Kind ein eigenes Konto bekommen, müssen beide Eltern dem gemeinsam zustimmen. Bei Vertragsabschluss müssen beide Ausweise vorgelegt werden. Ist das Kind 16, dann muss auch der Ausweis des Kindes vorgelegt werden. Hat nach der Trennung ein Elternteil das Sorgerecht allein, kann er auch allein mit dem Kind die Kontoeröffnung vornehmen lassen. Ist das Konto eingerichtet, kann Sohn oder Tochter damit all das machen, was auch die Eltern damit tun: Geld vom Automaten abheben, online überweisen, Daueraufträge einrichten usw.

!

Erklären Sie Ihrem Kind genau, welche Transaktionen kostenlos bzw. kostenpflichtig sind.

Erwachsene Kinder müssen nachweisen, dass sie noch in der Ausbildung oder beim Wehr- bzw. Wehrersatzdienst sind, um ein kostenloses Jugendkonto zu bekommen. Bei vielen Banken ist mit 27 Jahren Schluss damit, bei anderen wird dieser Vorzug bis zum Alter von 30 Jahren gewährt.

Wer ein Jugendgirokonto besitzt, bekommt von vielen Banken mit dem 18. Geburtstag automatisch einen Überziehungskredit eingeräumt.

Das ist zwar rechtlich in Ordnung – kann aber für den jungen Erwachsenen teuer werden. Denn die Zinsen für die Überziehung liegen deutlich über 10 Prozent. Ist der Rahmen zudem großzügig gewählt – darüber entscheidet die Bank –, können schnell Schulden entstehen, die einen 18-Jährigen überfordern. 11 Prozent aller jungen Leute zwischen 13 und 24 Jahren, hat der Bundesverband Deutscher Inkasso-Unternehmen festgestellt, haben bereits durchschnittlich 1.800 Euro Schulden. Hauptursache dafür ist der sorglose Umgang mit dem Handy.

5. Achtung Schuldenfalle!

»Bedingte Geschäftsfähigkeit«

Kinder zwischen sieben und 18 Jahren sind »bedingt geschäftsfähig«. Das bedeutet, sie dürfen in gewissen Grenzen selbst entscheiden, wofür sie ihr Geld ausgeben, und sie dürfen auch selbstständig einkaufen gehen.

5.1 Taschengeld-Paragraf

Vor allem Geld, das sie von ihren Eltern zur freien Verfügung bekommen – das Taschengeld – gehört dazu. Das Bürgerliche Gesetzbuch hat eindeutige Regelungen dazu getroffen, im so genannten »Taschengeld-Paragrafen« (§ 110 BGB). Allerdings wird keine Summe genannt, das wäre auch schwierig, weil ältere minderjährige Kinder natürlich über mehr Geld verfügen als 7-Jährige. Bei den Größeren zählen auch Geldgeschenke, BAföG, Lohn aus einem Nebenjob u. Ä. dazu, wenn die Eltern die freie Verwendung billigen.

Tipp

Sobald dieser Rahmen eindeutig gesprengt wird, ist der Vertrag »schwebend unwirksam«.

Als Eltern haben Sie die Möglichkeit, dem Kauf oder Vertrag nachträglich zuzustimmen, womit er erst wirksam wird. Oder Sie stimmen nicht zu, dann hat er quasi nicht stattgefunden. In diesem Fall wird das Geschäft rückabgewickelt. Wenn der Preis schon bezahlt ist, muss das Geld zurückgezahlt und der gekaufte Gegenstand zurückgegeben werden. Ist der Gegenstand nicht mehr vorhanden, geht der Verkäufer leer aus.

5.2 Darlehen

»Beschränkte Geschäftsfähigkeit«

Jugendliche können, selbst wenn die Genehmigung und Unterschrift der Eltern vorliegt, kein Darlehen aufnehmen. Das gilt auch für Überziehungskredite und finanzierte Käufe. Für das Darlehen eines Minderjährigen, gleich welcher Art und Höhe, bedarf es der Genehmigung des Vormundschaftsgerichts. Das ändert sich erst, wenn Kinder 18 Jahre alt werden und nicht mehr – wie im Alter von sieben bis 17 Jahren nur »beschränkt geschäftsfähig« sind. Anders als beim Kauf größerer Dinge hat der Gesetzgeber bei Darlehen gleich zwei Sicherheitssperren eingebaut: Bevor Kinder ein Darlehen aufnehmen dürfen, müssen ihr Vormund (meist die Eltern) und das Vormundschaftsgericht dem Darlehen ausdrücklich zustimmen. Damit will man Jugendliche vor unüberlegten Schritten bewahren, die den Grundstein für Schulden legen, die bis in ihr Erwachsenenleben hinein reichen können.

!

Junge Leute erliegen den Verlockungen des Konsums und den Angeboten von Kreditgebern naturgemäß am häufigsten. Zum einen, weil sie sich meist mehr als Ältere von teuren Marken beeindrucken lassen, weil sie – insbesondere bei Kleidung und Handys – unter Gruppenzwang stehen und schließlich, weil sie unter permanentem Geldmangel leiden. Sie sind demnach die idealen Opfer.

Tipp

Sprechen Sie mit Ihren Kindern über diese Probleme und machen Sie ihnen – am besten an Hand des eigenen guten Vorbilds – deutlich, dass Schulden nur in Ausnahmefällen sinnvoll sind und dass dieser Schritt, wenn er einmal nötig sein sollte, sehr gut vorbereitet werden muss.

5.3 Handys

Beispiel

Jugendliche besitzen inzwischen mehrheitlich ein eigenes Handy. Was passiert, wenn ein Minderjähriger selbst und ohne Kenntnis der Eltern einen Handyvertrag abschließt? Beispiel: Ein 16-Jähriger schließt selbst einen 24-monatigen Handyvertrag ab. Er will mit seinem Taschengeld und dem Geld, das er beim Zeitungaustragen verdient, bezahlen. Dieses Geld hat er zur freien Verfügung. Die Gebühren für den ersten Monat können von seinem Konto problemlos eingezogen werden, danach ist das Konto nicht mehr ausreichend gedeckt. Ab diesem Zeitpunkt ist der Vertrag nicht mehr über den Taschengeld-Paragrafen wirksam und es können auch keine Schulden entstehen. Damit ist sichergestellt, dass Minderjährige ohne Erlaubnis ihrer Eltern keine eigenen Rechtsgeschäfte eingehen dürfen, die zu Schulden führen. Allerdings ist auch möglich, dass Eltern zu wirtschaftlich unsinnigen oder riskanten Geschäften ihr Einverständnis geben. Das Fatale ist, dass der Jugendliche in diesem Fall selbst haftet. Eltern haften mit ihrem Einverständnis für die Kosten, die durch den Vertrag entstehen, nur dann, wenn sie selbst ebenfalls Vertragspartner werden.

! Sieht man einmal von »privaten« Schulden Jugendlicher gegenüber Freunden, Eltern usw. ab, so kann das Handy also für volljährig gewordene Jugendliche zur ernsthaften Schuldenfalle werden.

Mit Beginn des 18. Lebensjahres ist der junge Erwachsene rein rechtlich für Verträge und Zahlungsverpflichtungen voll verantwortlich. Viele junge Leute machen den Fehler und entscheiden sich dann für ein Handy mit Laufzeitvertrag, während Eltern vorher meist oft auf »Pre-Paid«-Karten zurückgreifen, um die Kosten besser kontrollieren zu können. Nicht jeder junge Erwachsene ist in der Lage, mit seiner neuen Freiheit auch entsprechend verantwortungsvoll umzugehen.

Tipp Für den Abschluss von Pre-Paid-Verträgen gilt das Gleiche wie für Handy-Verträge.

Neue Karten können Minderjährige allerdings selbst kaufen, weil dies in der Praxis mit dem »Taschengeld-Paragrafen« übereinstimmt. Guthabenkarten im Wert von beispielsweise 15 oder 20 Euro fallen eindeutig in diesen Rahmen.

Nicht zu unterschätzen sind die Gefahren, die von den Angeboten für die Handys selbst ausgehen. Vor allem Teenager sind der Werbung für kostenaufwändige Dienste wie das Herunterladen von Klingeltönen, Flirt-Chats oder SMS-Diensten im Prinzip schutzlos ausgeliefert.

! Die wahren Kosten werden in der Werbung meist verschleiert und Werbe-SMS zum Teil als persönliche Nachrichten getarnt. Auch beim Download von Klingeltönen sind Tarife und Vertragsbedingungen oft bewusst unklar gehalten.

Tipp Sollte bei einem von den Eltern nicht genehmigten Vertrag mit einem Jugendlichen streitig sein, ob Zahlungen zu leisten sind, sollten Sie sich an die Rechtsberatung der Verbraucherzentralen wenden.

5.4 Werbung

Ein großes Problem für Kinder und Jugendliche sind (unerfüllbare) Wünsche, die durch die Werbung verursacht werden. Das Beispiel Handywerbung ist besonders krass. Aber auch Jugendzeitschriften, Fernsehen und Radio verstehen es, die Gefühle der Kinder anzusprechen und so den Eindruck zu erwecken, als sei der Besitz all dieser (oft nutzlosen) Dinge der Schlüssel zum Glück.

Wenn Kinder täglich nur zwei Stunden vor dem Fernseher verbringen, hat die Deutsche Gesellschaft für Ernährung herausgefunden, dann sehen sie im Monat mindestens 900 Werbespots. Zwischen Zeichentrick- und Actionserien kämpfen die Hersteller hart um ihre jungen Kunden für Markenartikel, CDs, Spielzeug und Lebensmittel. Der Werbedruck für Kinder ist enorm, wobei oft redaktioneller Inhalt und Werbung nicht mehr klar voneinander getrennt sind. Und die Botschaften verfehlen ihr Ziel nicht: Untersuchungen und Studien belegen, dass die Kaufwünsche der Jugendlichen werbegeprägt sind. Sie kennen sich bestens aus. Dazu kommt, dass die junge Generation im Besitz beachtlicher finanzieller Mittel ist: 6- bis 19-Jährige haben zusammen über 20 Millionen Euro pro Jahr. Grund genug für Hersteller, sich mit allen Mitteln um diese Kundschaft zu bemühen.

Tipp

Der Schutz von Kindern in dieser Hinsicht ist im Gesetz gegen den unlauteren Wettbewerb festgeschrieben. Da sich die Verstöße gegen dieses Gesetz häufen, sollten sich Eltern immer dann, wenn ihnen bei der Werbung für Kinderprodukte, zum Beispiel in TV-Sendungen etwas auffällt, an ihre örtliche Verbraucherzentrale wenden. Die Verbraucherzentralen sammeln Beschwerden, lassen Unternehmen abmahnen und organisieren bei besonders schweren Verstößen Sammelklagen.

In Bezug auf Werbung schützt das Gesetz Kinder und Jugendliche vor allem durch die Paragrafen zur Sittenwidrigkeit, die durch die Rechtsprechung konkretisiert wurden. So ist beispielsweise das Anlocken von Kindern durch Zugaben wie Gewinnspiele, Preisausschreiben oder Spielzeug wettbewerbswidrig. Außerdem dürfen keine teuren 0190er-Nummern im Rahmen von kinder- und jugendspezifischer Werbung verwendet werden. Auch bei der Werbung für »gesunde« Kindernahrung ist Irreführung verboten: So darf bei ungesunden Süßigkeiten, die mit Vitaminen angereichert wurden, durch die Hervorhebung von »gesund« nicht der Eindruck entstehen, das Produkt sei insgesamt gesund.

Besonders bedenklich: Kinderklubs

Besonders bedenklich sind auch Kinderklubs, die vor allem über das Internet angeboten werden. Damit werden Kinder in die »richtige« Konsumrichtung gelockt. Wer Mitglied wird, so die Botschaft, ist trendy und »gehört dazu«. Rabatte auf bestimmte Fanartikel werden ebenso geboten wie verbilligte Eintrittskarten für die Band aller Bands oder die Aussicht auf Gewinne und Geschenke. Geködert werden die Kinder außerdem durch Klubkarten, Newsletter, Begrüßungs- und Geburtstagsüberraschungen – die dazu dienen, sie frühzeitig an eine bestimmte Marke oder ein bestimmtes Label zu binden. Zudem entstehen zusätzliche Kosten in Form von Mitgliedsbeiträgen oder Kosten für spezielle »Aktionen« und Angebote. Und oft ist für eine Mitgliedschaft nicht das Einverständnis der Eltern nötig.

Tipp Seriöse Klubs zeichnen sich dadurch aus, dass sie die Eltern einbeziehen. Sie sollten als Eltern nur Klubs zustimmen, die etwa ein gemeinnütziger Verein sind oder hinter denen ein solides Wirtschaftsunternehmen steht. Fragen Sie direkt nach den Kosten, die im Falle einer Mitgliedschaft entstehen.

Am allerwichtigsten ist es aber, dass Sie mit Ihren Kindern über Werbung reden. Da schon dreijährige Kinder in der Lage sind, Markenlogos zu erkennen, können Sie gar nicht frühzeitig genug damit beginnen. Ziel sollte sein, dass Kinder Werbebotschaften von eigenen Bedürfnissen unterscheiden lernen.

Tipp Schauen Sie sich die Fernsehsendungen inklusive Werbung an, die auch Ihr Kind sieht, lesen Sie die Zeitschriften und besuchen Sie die Websites, in denen es vorrangig surft. Nur wenn Sie wissen, was Ihr Kind gerade »cool« findet, bekommen Sie einen Zugang und können Einfluss nehmen.

Weitere Fragen, die Sie sich stellen sollten, sind: Warum kauft mein Kind so gern ein? Hat es möglicherweise zu wenig Anregungen? Fehlt vielleicht ein schönes Hobby, das andere Werte als Geld und Shoppen vermittelt? Wie ist das Familienklima? Dreht sich hier auch vieles ums Einkaufen oder geht man auch gemeinsam ins Kino, in eine Ausstellung, ins Konzert?

Über Werbung sprechen

Schließlich sollten Sie mit Ihrem Kind über den Sinn von Werbung sprechen: Warum wird Werbung gemacht? Warum gefällt dem Kind eine Werbung besonders gut? Warum können sich sämtliche Familienmitglieder – Mutter und Vater eingeschlossen – nicht alle ihre Wünsche erfüllen? Welche nichtmateriellen Wünsche gibt es?

Wenn Sie auf unseriöse Angebote und Geschäftsgebaren stoßen, können Sie die der örtlichen Verbraucherzentrale melden. Es gab schon viele erfolgreiche Sammelklagen gegen solche Unternehmen.

Versuchen Sie insgesamt bei Diskussionen um das Thema Geld nicht von vornherein auf Verzicht zu plädieren. Damit haben Sie bei Jugendlichen wenig Aussicht auf Erfolg. Der bessere Ansatz ist, die aktuellen Wünsche nach Prioritäten zu ordnen. Was bleibt zum Beispiel zum Telefonieren übrig, nachdem andere Wünsche wie Kino und CDs erfüllt sind? Damit bekommen junge Leute die Möglichkeit, selbst aktiv zu werden und kritisch ihre Gewohnheiten beim Geldausgeben zu reflektieren. Auch der Vergleich »Auf wie viele SMS muss ich für diesen Klingelton verzichten?« fördert das Verständnis, ohne dass Sie den Zeigefinger erheben müssen.

6. Eigenes Geld verdienen

Ferienjobs

Ferienjobs sind rar und beliebt. Sowohl Studenten als auch Schüler nutzen ihre Freizeit, um Geld für den Lebensunterhalt oder die Erfüllung größerer Wünsche zu verdienen. Wichtig: Eine Sonderbehandlung erfährt nur, wer im Sinne des Gesetzgebers als Schüler oder Student gilt. Schüler allgemein bildender Schulen zahlen generell keine Beiträge zur Arbeitslosenversicherung. Ansonsten gilt, auch für Studenten: Nur wer in einer (auf Dauer angelegten) geringfügigen Beschäftigung (400-Euro-Job) oder in einem (von vornherein) befristeten Aushilfsjob arbeitet, ist generell von allen Beiträgen zur Sozialversicherung befreit. Nimmt der Job Ausmaße an, die den Verdienst von 400 Euro im Monat überschreiten, wird Rentenversicherung fällig, wobei der Arbeitgeber den hälftigen Betrag bezahlt, der Student aber nur einen Anteil, der mit dem Verdienst steigt. Wer mehr als 800 Euro verdient, ist voll rentenversicherungspflichtig.

Tipp

In der Kranken-, Pflege- und Arbeitslosenversicherung ist der Student als Arbeitnehmer versicherungsfrei, wenn er »hauptberuflich« Student und nur »nebenberuflich« Arbeitnehmer ist. Die Gerichte und die Sozialversicherungsträger haben zur Abgrenzung eine Reihe von Bedingungen entwickelt:

1. In den Semesterferien kann der Student in beliebigem Umfang berufstätig sein, auch die Höhe des Gehalts spielt keine Rolle.
2. In der Vorlesungszeit muss das Studium im Vordergrund stehen. Das wird unterstellt, wenn die Arbeit
   - nicht mehr als 20 Stunden wöchentlich ausgeübt wird, unabhängig von der Höhe des Gehalts,
   - zwar mehr als 20 Stunden wöchentlich dauert, aber diese Mehrarbeit in den Abend- oder Nachtstunden oder am Wochenende ausgeübt wird, also dann, wenn die Uni geschlossen ist.
3. Insgesamt dürfen innerhalb von 12 Monaten die Beschäftigungszeiten mit mehr als 20 Wochenstunden 26 Wochen (182 Kalendertage) nicht überschreiten. Wenn also ein Student in den Semesterferien (etwa 24 Wochen an Universitäten) durchgehend arbeitet, kann er nicht zusätzlich im Semester eine kurzfristige Beschäftigung für zwei Monate aufnehmen, ohne versicherungspflichtig zu werden.

Tipp

Ein Student kann praktisch sechs Monate im Jahr Vollzeit und in den anderen sechs Monaten halbtags versicherungsfrei arbeiten.

Wer ein Abiturzeugnis hat, könnte theoretisch problemlos lebenslang Student sein und damit relativ einfach die Sozialversicherungspflicht umgehen. Um das zu verhindern, haben die Sozialversicherungs-Verbände im Jahr 2002 beschlossen, dass ein Studium in der Regel nur bis zum 25. Fachsemester anerkannt wird.

Online-Jobvermittlung

Nebenjobs für Schüler und Studenten sind rar. Um einen guten Job zu finden, müssen Schüler aber nicht auf ein Wunder hoffen. Die Online-Jobvermittlung bei Jugendlichen ist unkompliziert: Meist reicht eine kurze Mail, um den gewünschten Nebenjob zu bekommen. Arbeitsuchende Schüler sollten deshalb am besten am frühen Mittag und am späten Nachmittag die Online-Jobbörsen checken. Das ist die Zeit, in der Firmen meist ihre Angebote ins Netz stellen. Es geht dann nach dem Motto »Wer zuerst kommt, mahlt zuerst«.

Wichtig ist, dass man sich bei Mails einen kurzen 15-Zeiler über die eigene Person und die Hobbys überlegt – ohne Rechtschreibfehler. Ein bisschen Mühe erhöht die Jobchancen beträchtlich.

Tipp

Natürlich darf sich nicht jeder Schüler um einen Ferienjob bewerben. Das legen verschiedene rechtliche Bestimmungen fest: Wer unter 13 Jahre alt ist, darf offiziell überhaupt keinen Nebenjob annehmen. Hundesitting oder leichte Botengänge dürfen von Jugendlichen bis 15 Jahre erledigt werden. Erst ab dem 15. Lebensjahr darf ein Schüler vier Wochen am Stück jobben – mehr aber auch nicht. Die Arbeitszeit für den Ferienjob darf acht Stunden pro Tag nicht überschreiten. Zwischen 20 und 6 Uhr dürfen Schüler überhaupt nicht arbeiten. Ausführliche Informationen dazu finden sich im Internet, unter anderem auf den Webseiten von »Nebenjob.de«.

Jobbörsen/ ZAV

Interessant sind neben den Angeboten von großen Online-Jobbörsen wie monster.de, jobscout24.de oder step stone.de sowie speziellen Börsen wie studentenjob24.de auch die Seiten der Bundesagentur für Arbeit. Unter »Stellenangebote suchen« gibt es die Möglichkeit, »Ferienjobs/ Studentenjobs« einzugeben. Auch die Zentralstelle für Arbeitsvermittlung (ZAV), ein Service der Bundesagentur für Auslandsjobs, hält interessante Angebote bereit. Unter www.bundesagentur.de können Sie sich zu den Angeboten durchklicken, indem Sie: »Service von A–Z«, »Vermittlung«, »Arbeiten im Ausland« und »Jobs und Praktika im Ausland« eingeben. Dann erscheint eine Linkliste, die sie direkt zu den aktuellen Angeboten führt. Sie umfasst

- Informationen zu den ZAV-Programmen,
- Jobs und Praktika im Ausland,
- Praktikantenprogramme im englischsprachigen Raum,
- französischsprachige Praktikantenprogramme,
- spanischsprachige Praktikantenprogramme,
- weltweite Jobprogramme,
- Jobs im Bereich Animation, Reiseleitung und als Skilehrer sowie
- Erfahrungsberichte.

Angebote der Studentenwerke

Auch die Studentenwerke halten in begrenztem Umfang Studentenjobs bereit. Ein wenig Kreativität, Flexibilität und Mut zu Neuem – etwa wenn Statisten für den Film gesucht werden – ist schon nötig, wenn man als Schüler oder Student etwas hinzuverdienen will.

Wer mehr zu diesem Thema wissen will, findet entsprechende Informationen in dem Ratgeber der Verbraucherzentrale »Erfolgreich jobben« speziell für Schüler und Studenten. Preis: 9,80 Euro (www.ratgeber-verbraucherzentrale.de).

Top-Tipps Finanztraining für Kinder

- Kinder können schon im Vorschulalter den Umgang mit Geld lernen.
- In der Schule lernen die meisten Kinder wenig über Geld und darüber, welche Bedeutung es in der Wirtschaft hat. Nutzen Sie daher passende Gelegenheiten, um altersgerecht über Wirtschaftsthemen zu sprechen und die Kinder anzuregen, sich mit diesem spannenden Thema zu beschäftigen.
- Regelmäßige Taschengeldzahlungen helfen Kindern, mit ihrem Geld zu planen. Taschengeld sollte jedoch nie an Bedingungen gebunden sein und nicht als Erziehungsmittel eingesetzt werden.
- Orientieren Sie sich bei der Höhe des Taschengeldes an Empfehlungen und natürlich an Ihrem Haushaltsbudget. Kinder verstehen bei finanziellen Engpässen, dass sie weniger als andere bekommen. Sie müssen allerdings offen mit ihnen darüber reden.

- Bekommt Ihr Kind regelmäßig Geld von Verwandten geschenkt, können Sie gemeinsam vereinbaren, dass ein Teil davon für die Erfüllung eines Wunsches – bei größeren Kindern könnte das der Führerschein sein – gespart wird. Aber bitte ohne Zwang!
- Etwa ab dem 12. Lebensjahr kann das Kind ein eigenes Girokonto bekommen, auf das Sie das Taschengeld überweisen. Dadurch lernen Kinder den Umgang mit Geldinstituten kennen und fühlen sich erwachsen.
- Kinder ab sieben Jahren dürfen ihr Taschengeld selbstständig ausgeben. Allerdings dürfen mit ihnen keine weitergehenden Verträge geschlossen bzw. ihnen Darlehen gewährt werden. Derartige Verträge sind ungültig!
- Handy-Rechnungen sind für viele Jugendliche der Einstieg in die Verschuldung. Machen Sie auf die Gefahren aufmerksam und bitten Sie volljährige Kinder, statt mit einem Vertrag mit Pre-Paid-Karten zu telefonieren. Damit können sie leichter den Überblick behalten.
- Schützen Sie kleine Kinder vor Werbung und sprechen Sie mit den Größeren über den Sinn von Werbung. Machen Sie sie stark vor den Verlockungen, die von gezielter Jugend-Werbung ausgeht.
- Ab 15 Jahren können Kinder vier Wochen im Jahr in den Ferien arbeiten gehen. Vor allem das Internet hält Angebote bereit. Insgesamt sind Ferienjobs aber nicht leicht zu bekommen.

Adressen

Bundesarbeitsgemeinschaft Schuldnerberatung
(mit Adressen örtlicher Beratungsstellen)
E-Mail bag-schuldnerberatung@t-online.de,
www.bag-schuldnerberatung.de

AWO Arbeiterwohlfahrt Bundesverband e. V.
Marie-Juchacz-Haus, Oppelner Straße 130, 53119 Bonn (Hausanschrift),
Telefon 02 28/66 85-0, Telefax 02 28/66 85-2 09,
E-Mail info@awo.org, www.awo.org

Deutscher Caritasverband e. V.
Karlstraße 40, 79104 Freiburg, Telefon 07 61/2 00-0,
E-Mail presse@caritas.de, www.caritas.de/2270.html

Deutscher Paritätischer Wohlfahrtsverband,
Oranienburger Str. 13–14, 10178 Berlin, Telefon 0 30/2 46 36-0,
Telefax 0 30/2 46 36-1 10, www.paritaet.org/

Diakonisches Werk der Evangelischen Kirche in Deutschland e. V.
Stafflenbergstraße 76, 70184 Stuttgart, Telefon 07 11/21 59-0,
Telefax 07 11/21 59-2 88, E-Mail diakonie@diakonie.de,
www.diakonie.de/de/html/hilfe/62.html

Bundesministerium für Bildung und Forschung
Hannoversche Straße 28–30, 10115 Berlin, Telefon 0 18 88/5 70,
Telefax 0 18 88/57 20 94, E-Mail information@bmbf.bund.de,
www.bmbf.de/

Bundesministerium für Familie, Senioren, Frauen und Jugend
Alexanderplatz 6, 10178 Berlin, Telefon 0 18 88/5 55-0,
Telefax 0 18 88/5 55-41 03, www.bmfsfj.de

Bundesverband deutscher Banken e. V.
Burgstraße 28, 10178 Berlin, Telefon 0 30/16 63-0,
Telefax 0 30/16 63-13 99, E-Mail bankenverband@bdb.de,
www.bankenverband.de

Bundesverwaltungsamt
Barbarastr. 1, 50735 Köln, Telefon 0 18 88/3 58-0 bzw. 02 21/7 58-0,
Telefax 0 18 88/3 58-28 23 bzw. 02 21/7 58-28 23,
E-Mail poststelle@bva.bund.de, www.bundesverwaltungsamt.de

Deutsche Bundesbank
Wilhelm-Epstein-Straße 14, 60431 Frankfurt am Main,
Telefon 0 69/95 66- 5 12, E-Mail presse-information@bundesbank.de,
www.bundesbank.de/bildung/bildung.php

Deutscher Mieterbund e. V.
Littenstraße 10, 10179 Berlin, Telefon 0 30/2 23 23-0,
Telefax 0 30 /2 23 23-1 00, E-Mail info@mieterbund.de,
www.mieterbund.de

Finanztest
www.finanztest.de

Geld und Haushalt – Beratungsdienst der Sparkassen-Finanzgruppe im Deutschen Sparkassen- und Giroverband
Charlottenstraße 47, 10117 Berlin, Telefon 0 30/2 02 25-51 90,
Telefax 0 30/2 02 25-51 99, www.geld-und-haushalt.de

Kreditanstalt für Wiederaufbau
Palmengartenstraße 5–9, 60325 Frankfurt am Main,
Telefon 0 69/74 31-0, Telefax 0 69/74 31-28 88, E-Mail info@kfw.de,
www.kfw.de

Minijob-Zentrale
Knappschaft-Bahn-See, Referat 0.2, Pieperstraße 14–28, 44789 Bochum,
Telefon 02 34/3 04-8 21 30, Telefax 02 34/3 04-8 20 20,
www.minijob-zentrale.de

SCHUFA Holding AG
Kormoranweg 5, 65201 Wiesbaden, Telefon 06 11/9 27 80,
Telefax 06 11/9 27 81 09, www.schufa.de

Verband Privater Krankenversicherer
Bayenthalgürtel 26, 50968 Köln, Telefon 02 21/3 76 62-0,
Telefax 02 21/3 76 62-10, E-Mail info@pkv.de, www.pkv.de

Verbraucherzentrale Bundesverband
Markgrafenstraße 66, Besuchereingang: Kochstraße 22,
10969 Berlin, Telefon 0 30/2 58 00-0, Telefax 0 30/2 58 00-2 18,
E-Mail info@vzbv.de, www.vzbv.de

Zentralverband des Deutschen PfandKreditgewerbes e. V.
Oberdorfstraße 26, 70567 Stuttgart, Telefon 07 11/16 16 10,
Telefax 07 11/1 61 61 61, E-Mail: webmaster, www.pfandKredit.org

Stichwortverzeichnis

A

B

D

E

F

G

H

I

J

K

L

M

N

P

R

S

T

U

V

W

Z